Hans-Joachim Puch

Rezensionen

2009 bis 2018

Hans-Joachim Puch

Rezensionen

2009 bis 2018

Impressum

ISBN: 9789464852899

Covergestaltung: Hans-Joachim Puch
Foto: Alexander Grey
Verlagsportal: bookmundo
Gedruckt in Deutschland

Die Deutsche Nationalbibliothek verzeichnet diese Publikation in der Deutschen Nationalbibliografie

Inhalt

Einführende Gedanken

„Wir sind wie Zwerge, die auf den Schultern von Riesen sitzen, sodass wir mehr und Entfernteres als diese sehen können, nicht weil wir scharfsinniger oder größer wären, sondern weil die Größe der Riesen uns hochhebt und über sie hinausschauen lässt.“ Im zwölften Jahrhundert wies der Philosoph *Bernhard von Chartres* mit diesem Zitat auf den Unterschied von antiker und mittelalterlicher Wissenschaft hin. Noch heute wird dieses Zitat bemüht, wenn deutlich gemacht werden soll, dass unser kollektives Wissen Vorläufer hat, ohne die das aktuelle Wissen nicht zustande gekommen wäre und auch nicht begreifbar ist. Was für das kollektive Wissen von Bedeutung ist, gilt auch für das individuelle Wissen und sollte zur Bescheidenheit ermahnen.

In diesem Buch habe ich einen kleinen Teil des Wissens aus den Themenfeldern *Ehrenamt und Organisation* dokumentiert, auf das ich zurückgegriffen habe. Sicher, es sind nur ausgewählte Themenfelder und bei weitem sind diese nicht vollständig. Die Rezensionen machen jedoch deutlich, woher Teile meines persönlichen Wissens stammt, aber auch, was in einer bestimmten Zeit in der „scientific community“ gedacht und entwickelt wurde.

2009 bekam ich eine Anfrage von *„socialnet. Das Netz für die Sozialwirtschaft“*, Rezensionen zu aktuellen Fachveröffentlichungen zu schreiben und diese auf deren Plattform im Internet zu veröffentlichen. Gerne habe ich diesem Wunsch entsprochen. Die Rezensionen haben mich zu einer bewussten und kritischen Lektüre der Bücher animiert, um zu einem begründeten Urteil zu kommen. Davon profitieren nicht nur die potenziellen Leser und Leserinnen, sondern auch ich, weil ich das Gelesene nachhaltiger verarbeitet habe. In meinem beruflichen Ruhestand habe ich dann meine verfügbare Zeit gerne dazu genutzt, um diese Form der Lektüre und des Schreibens zu intensivieren. Das Ergebnis liegt in diesem Band vor. Die Rezensionen umfassen die Themenbereiche *„Ehrenamt, freiwilliges Engagement“* sowie *„Organisation, Management und Führung“* und besprechen Dissertationen und Fachpublikationen. Der Aufbau der Rezensionen folgt einer Gliederung, die den Vorgaben von *„socialnet“* entsprechen.

Eggolsheim, im Juni 2023

Ehrenamt, freiwilliges Engagement

Herbert Ammann, Raimund Hasse, Monika Jakobs, Gabriela Riemer-Kafka (Hrsg.): Freiwilligkeit. Ursprünge, Erscheinungsformen, Perspektiven.

(Zürich) 2008. 198 Seiten. ISBN 978-3-03-777054-2. 26,00 EUR, Reihe: Freiwilligkeit. Seismo-Verlag

Thema

Das Thema Freiwilligkeit hat spätestens seit Mitte der 90er Jahre mit der „großen Anfrage" der Regierungsfraktion von CDU/CSU und F.D.P. im Deutschen Bundestag und der Errichtung der Enquete-Kommission „Zukunft des bürgerschaftlichen Engagements" im Jahre 1999 große Aufmerksamkeit erlangt. Dabei zeigt sich, dass die Debatte um die Freiwilligkeit und um das bürgerschaftliche Engagement mit hohen Erwartungshaltungen verbunden ist. Aus einer gesellschaftskritischen Perspektive wird Freiwilligkeit als ein Mittel gesehen, um die Folgen der Dominanz wirtschaftlichen Handelns zu kompensieren und eine Alternative zu einem ausschließlich egoistischen Gewinnstreben zu fördern. In der wohlfahrtsstaatlichen Debatte ist die Freiwilligkeit ein Moment der Rückgewinnung von selbstverantwortlichem Handeln verbunden mit der Reduzierung staatlich-bürokratischer Leistungserbringung. Schließlich ist das Thema Freiwilligkeit eingebunden in die Individualisierungsdebatte und wird in diesem Zusammenhang als „Bindemittel" identifiziert, um die zentrifugalen Kräfte der Gesellschaft zugunsten gemeinwohlorientierter Handlungsorientierungen zu bändigen. Obwohl die Schweiz ein Land mit einer langen Tradition freiwilligen Engagements in unterschiedlichen gesellschaftlichen Bereichen ist, hat die Debatte zu dem Thema dort etwas verspätet eingesetzt. Im Jahre 2007 ist der erste „Freiwilligen-Monitor Schweiz 2007" erschienen, der eine landesweite Bestandsaufnahme darstellt.

Entstehungshintergrund

Der vorliegende Sammelband knüpft an diese aktuelle Diskussion an. Er basiert auf einer öffentlichen Ringvorlesung, die im Wintersemester 2006/2007 an der Universität Luzern in Kooperation mit der Schweizerischen Gemeinnützigen Gesellschaft (SSG) veranstaltet wurde. Das Ziel der Vorlesungsreihe war eine Bestandsaufnahme zum Thema Freiwilligkeit aus interdisziplinärer Perspektive. Dabei werden sowohl empirische wie auch theoretische Positionen vorgestellt.

Aufbau und Inhalt

Der Sammelband ist in der Reihe „Freiwilligkeit" der Schweizerischen Gemeinnützigen Gesellschaft (SSG) erschienen. In ihm werden die einzelnen Beiträge der Ringvorlesung wiedergegeben.

Die thematische Hinführung erfolgt über ein Einleitungskapitel von *Raimund Hasse*, der den Bogen der Debatte in gesellschafts- und organisationswissenschaftlicher Perspektive spannt und damit eine erste Einordnung ermöglicht. Abgerundet wird die Einleitung mit einem kurzen Überblick über die zentralen Fragestellungen der einzelnen Beiträge.

In der Debatte der Vergangenheit hat die Diskussion der Begrifflichkeiten einen nicht unerheblichen Raum eingenommen. *Herbert Ammann* knüpft an diese Diskussion an und untersucht auf einer grundsätzlichen Ebene den wissenschaftlichen Zugang und die definitorische Abgrenzung des Gegenstandes. Diese Auseinandersetzung wird insbesondere vor dem Hintergrund der Spezifika in der Schweiz und den methodischen Überlegungen der Befragung des Freiwilligen-Monitor Schweiz 2007 geführt, ohne jedoch die Ergebnisse der Befragung vorzustellen.

Hansjörg Siegenthaler stellt aus ökonomischer Sicht die sehr grundsätzliche Frage, wie in einer Theorie der Ökonomie, die zunächst von dem eigennützigen Handeln eines „homo oeconomicus" ausgeht, gemeinnützig orientiertes Handeln begründet werden kann. In der Auseinandersetzung mit den Erkenntnissen der „neuro-sciences" kommt er zu der anthropologischen Erkenntnis, dass dem Menschen eine grundlegende Neigung zum altruistischen und damit auch gemeinnützigen Handeln angeboren sei. Theoretisch und historisch am Beispiel einer nach dem 1. Weltkrieg einsetzenden staatenübergreifenden Hungerhilfe für die russische Bevölkerung wird gezeigt, dass die Reichweite des gemeinnützigen Handelns variabel ist und nicht an den Grenzen der eigenen Gruppenzugehörigkeit endet.

Die Frage nach der unterschiedlichen Ausprägung von Freiwilligkeit im Ländervergleich entstand schon früh und sollte Erklärungen für kulturspezifische und nationalstaatliche Besonderheiten liefern. *Eckard Priller* geht dieser Frage nach und zeigt am Beispiel der Ergebnisse aus dem European Social Survey (ESS) von 2002/2003, der in 19 europäischen Ländern durchgeführt wurde, länderspezifische Unterschiede in dem organisatorisch gebundenen freiwilligen Engagement (passiv/aktiv) und in der

Spendenbereitschaft. Um die zum Teil deutlichen länderspezifischen Unterschiede zu interpretieren, werden erste theoretische Erklärungen diskutiert.

In dem Beitrag von *Thomas Olk* wird eine Bilanz der Engagementpolitik der letzten 15 Jahre insbesondere in Deutschland gezogen. In Deutschland wurde die Politik um das freiwillige Engagement mit hohen Erwartungen und vielen Hoffnungen begleitet. In der öffentlichen Meinung scheint momentan das Bild zu dominieren, dass der „große Durchbruch“ nicht gelungen sei. Die Analyse der verschiedenen Phasen der Engagementpolitik in Deutschland zeigt ein differenzierteres Bild. Erkennbar wird darin, dass die große Veränderung zwar noch nicht erreicht ist, sich in vielen spezifischen Handlungsfeldern jedoch eine Engagementpolitik bereits durchaus erfolgreich etabliert hat. Um diese Entwicklung künftig zu verstärken, werden strategische Handlungsperspektiven diskutiert und aufgezeigt.

Vereine gelten als klassische Organisationsform bürgerschaftlichen Engagements. Ihren Ausgangspunkt nahmen sie im späten 18. Jahrhundert. *Annette Zimmer* zeichnet diese Entwicklung des Vereinswesens nach. Die erste große Gründungswelle der Vereine verlief parallel zur Entstehung der bürgerlichen Gesellschaft und wurde durch das Bildungsbürgertum und die Funktionseliten getragen. Erst in der Folge kam es zu einer Ausweitung in andere soziale Schichten, die darüber an die Gesellschaft gebunden wurden. Aktuell zeigt sich eine neue Popularität von Vereinen. Da sie eine sehr flexible und anpassungsfähige Organisationsform darstellen, erweisen sie sich trotz mancher „Unkenrufe“ den aktuellen Herausforderungen gewachsen und sind damit überlebensfähig in einer sich wandelnden Gesellschaft.

Altruistisches, auf Nächstenliebe basiertes Handeln ist eng mit dem Anspruch von Kirche verbunden. *Hubert Kausch* geht in seinem Beitrag der Diskrepanz von ideellem Anspruch und realer Bedeutung bzw. Praxis kirchlicher Freiwilligenarbeit nach. Dabei zeigt er auf, wie wenig die Praxis der kirchlichen Freiwilligenarbeit die veränderten Bedingungen der Freiwilligenarbeit zur Kenntnis nimmt bzw. in ihrer Praxis darauf reagiert. Da die kirchliche Freiwilligenarbeit in ein grundlegendes christliches Verständnis eingebettet ist, werden mögliche theologische Anknüpfungspunkte für eine kirchliche Freiwilligenarbeit diskutiert. Dies führt zu der grundlegenden These, dass der Umgang mit der

Freiwilligenarbeit in der Kirche zum Kriterium für die Relevanz der Kirchen in einer differenzierten Gesellschaft wird.

Aus sozialpsychologischer Sicht untersucht *Mario von Cranach* die Motive und Anreize, die der Freiwilligkeit zugrunde liegen. Aus dieser Perspektive zeigt sich, dass die Trennung zwischen Erwerbsarbeit und Freiwilligenarbeit nicht grundsätzlicher Natur ist. Aus der Freiwilligkeit erwachsen Bindungen und Verpflichtungen, die sich sowohl im Kontext von Erwerbsarbeit wie auch Freiwilligenarbeit zeigen und stark auf das Selbstkonzept und die Persönlichkeit des Handelnden wirken.

Mit zwei rechtlichen Beiträgen wird der Sammelband abgerundet. So geht *Hans Michael Riemer* der Frage nach, welche rechtliche Organisationsform der richtige Rahmen für Organisationen der Gemeinnützigkeit ist. Im Vordergrund stehen Vereine und Stiftungen. Die Ausführungen geben eine Hilfestellung bei der Auswahl der geeigneten Rechtsform. *Gabriela Riemer-Kafka* diskutiert die Freiwilligenarbeit unter vertragsrechtlichen Gesichtspunkten. Dabei wird insbesondere die Freiwilligenarbeit als Arbeitsvertrag, als Werkvertrag und als Auftrag untersucht. Im zweiten Teil des Beitrags werden versicherungsrechtliche Aspekte der Freiwilligenarbeit analysiert. In beiden Beiträgen wird deutlich, wie weit die Prozesse der Verrechtlichung in der Freiwilligenarbeit bereits wirksam sind.

Diskussion und Fazit

Die einzelnen Beiträge des Sammelbandes haben zwar den gemeinsamen thematischen Bezug der Freiwilligkeit, sie sind aber in ihrem Grundverständnis und in ihrem theoretischen Zugang zum Teil sehr unterschiedlich, ja sogar widersprüchlich. Trotz einer einführenden Perspektive und eines bilanzierenden Ausblicks sind die Beiträge damit eher pragmatisch aufeinander bezogen. Dies muss kein grundlegender Nachteil sein, weil die Debatte zur Freiwilligkeit sehr heterogen ist und in einem sehr komplexen Gegenstandbereich agiert. Dennoch wäre es wünschenswert gewesen, die einzelnen Beiträge stärker aufeinander abzustimmen. Dass dies im Rahmen einer Vorlesungsreihe nur bedingt gelingen kann, sei durchaus zugestanden. Relativiert man dieses eher wissenschaftliche Erkenntnisinteresse, dann liefert der Sammelband eine Reihe von sehr interessanten Anregungen für die weitere Diskussion der Freiwilligenarbeit. Wer an einer Zwischenbilanz der Debatte interessiert ist, der bekommt hier wichtige Informationen, einen guten Überblick und Anregungen für weitergehende Diskussionen.

Bernd Jaquemoth: Ehrenamtliche Tätigkeit. Meine Rechte und Risiken.

Verbraucherzentrale Nordrhein-Westfalen e.V. (Düsseldorf) 2008. 160 Seiten. ISBN 978-3-940580-17-7. 9.90 Euro. Bestellanschrift: Versandservice der Verbraucherzentralen, Adersstraße 78, 40215 Düsseldorf. Versandkostenpauschale 2.50 Euro.

Thema

In Deutschland sind über 23 Millionen Menschen in Verbänden, Initiativen oder Projekten ehrenamtlich tätig. Viele dieser Menschen sind sich nicht bewusst, dass unterschiedliche rechtliche Regelungen ihre Tätigkeit beeinflussen. Der Gesetzgeber hat kein einheitliches Ehrenamtsrecht geschaffen. Die Regelungen sind auf verschiedene Gesetze verteilt und reichen vom Steuerrecht bis zur Unfallversicherung. Das Buch von Bernd Jaquemoth führt zentrale gesetzliche Regelungen zusammen und gibt Ehrenamtlichen damit eine hilfreiche Orientierung und wichtige Tipps.

Entstehungszusammenhang

Das Buch ist in der Reihe ARD-Ratgeber Recht erschienen. Es ist das Ziel dieser Reihe, Menschen die Welt der Gesetze, Verordnungen und Urteile verständlich zu machen und alltagsnahe Informationen zur Verfügung zu stellen. Das Buch ist deshalb als Ratgeber aufgebaut. Es vermittelt ein erstes Orientierungswissen, gibt Ratschläge, weist auf Risiken hin und erleichtert durch Checklisten die praktische Umsetzung.

Aufbau und Inhalt

Zunächst wird der Leser/die Leserin , ohne schon auf die rechtlichen Fragen im Besonderen einzugehen, in einem einführenden Kapitel mit einigen grundsätzlichen Themen wie Definition von Ehrenamt, Vielfalt der ehrenamtlichen Arbeitsfelder etc. eingestimmt.

Bei der ehrenamtlichen Tätigkeit wird in vielen Fällen unterstellt, dass diese ohne jegliche Bezahlung erfolgt. Dies mag in der Regel richtig sein, trifft aber bei Weitem nicht für alle Bereiche zu. Aufwandsentschädigungen und Übungsleiterpauschale sind nur zwei Beispiele, die deutlich machen, dass ehrenamtliche Tätigkeit auch mit der Erzielung von Einkünften verknüpft sein kann. In dem umfassendsten Kapitel des Buches werden deshalb die

Aspekte der Steuerpflicht bei ehrenamtlicher Tätigkeit untersucht. Hier werden grundlegende Informationen darüber gegeben, ob und wann Reisekostenerstattungen, Auslagenersatz oder Aufwandsentschädigungen steuerbefreit sind und unter welchen Umständen Übungsleiterpauschale und Ehrenamtspauschale zu Steuerbefreiung oder Steuerfreiheit führen.

Menschen engagieren sich auch dann ehrenamtlich, wenn sie nicht zu den sogenannten Besserverdienern gehören und Einkünfte aus Sozialleistungen erhalten. In einem weiteren Kapitel wird deshalb die Frage untersucht, ob Einkommen aus ehrenamtlicher Tätigkeit Sozialleistungen eventuell schmälern. In einem kurzen Überblick werden die Auswirkungen auf das Arbeitslosengeld, auf BAföG-Leistungen, Elterngeld, Wohngeld oder Sozialhilfe beschrieben.

Im Rahmen der ehrenamtlichen Tätigkeit wird häufig unterschätzt, dass Ehrenamtliche selbst zu Schaden kommen können oder gegenüber Dritten einen Schaden verursachen. Damit verbunden sind eine Reihe versicherungsrechtlicher und haftungsrechtlicher Fragen auf die ebenfalls in einem Überblick eingegangen wird. So werden beispielsweise gesetzliche Regelungen zur Unfallversicherung und Berufsunfähigkeitsversicherung beschrieben und auf die Bedingungen der Haftpflichtversicherung eingegangen.

Das Buch rundet das Thema mit einigen speziellen Fragen der ehrenamtlichen Tätigkeit ab. Im Mittelpunkt steht dabei die Freistellung von beruflicher Tätigkeit für Ehrenamtliche im Rahmen der Jugendarbeit, des Katastrophenschutzes, für öffentliche Wahlämter oder zur Pflege von Angehörigen und einige spezifische Regelungen in besonderen Arbeitsfeldern wie Freiwillige Feuerwehren oder Freiwilliges soziales und Freiwilliges ökologisches Jahr.

Diskussion

Man kann mit einiger Sicherheit davon ausgehen, dass die rechtlichen Fragen und Risiken der ehrenamtlichen Tätigkeit insbesondere bei den Ehrenamtlichen noch nicht die nötige Aufmerksamkeit erhalten, die sie verdienen. Der vorliegende Ratgeber richtet sich deshalb in erster Linie an die Ehrenamtlichen selbst, dürfte aber auch für manche Hauptberufliche, die mit Ehrenamtlichen zusammen arbeiten, eine interessante Quelle sein. Durch die Zusammenfassung verschiedener rechtlicher Aspekte sensibilisiert er für das Thema und gibt darüber hinaus hilfreiche Anregungen und Tipps. Didaktisch gut gestaltet, erleichtern Hervorhebungen, symbolhaften Kennzeichnungen und Randbemerkungen die Orientierung. Ein Ratgeber, als handliches Taschenbuch herausgegeben, kann in so einem komplexen Feld wie dem Ehrenamt eine vertiefte Auseinandersetzung mit rechtlichen Regelungen und Auslegungen nicht ersetzen. Wer dies erwartet, muss zwangsläufig enttäuscht werden. In erster Linie sensibilisiert der Ratgeber für die vielen offenen rechtlichen Fragen und regt dazu an, sich intensiver mit dem Thema auseinander zu setzen. Wer Orientierung und Anregung zum Thema sucht, der wird hier sehr gut bedient. Am Ende der Lektüre hat man einen informativen Überblick über steuer-, versicherungs- und haftungsrechtliche Themen des Ehrenamtes und kann mit diesem Wissen gezielt vertiefende Fragen stellen. Dabei ist auch der Anhang hilfreich, in dem nicht nur Auszüge aus dem Einkommensteuergesetz oder den Lohnsteuerrichtlinien enthalten sind , sondern auch die Adressen der Landesarbeitsgemeinschaften und Regionalgruppen für Freiwilligenagenturen sowie der Verbraucherzentralen.

Fazit

Der Ratgeber sensibilisiert für das Thema gesetzliche Rahmenbedingungen des Ehrenamtes und kann allen Ehrenamtlichen, die sich orientieren wollen, empfohlen werden. Man erhält einen inhaltlich informativen und didaktisch gut gestalteten Einblick in rechtliche Regelungen, insbesondere in steuer- und versicherungsrechtliche Fragen der ehrenamtlichen Tätigkeit.

Jennifer Klöckner: Freiwillige Arbeit in gemeinnützigen Vereinen. Eine vergleichende Studie von Wohlfahrts- und Migrantenorganisationen.

Springer VS Verlag für Sozialwissenschaften (Wiesbaden) 2015. 566 Seiten. ISBN 978-3-658-10421-4. D: 59,99 EUR, A: 61,67 EUR, CH: 63,50 sFr.

Thema

Das Thema „freiwillige Arbeit" hat seit Jahren Konjunktur und ist Gegenstand einer Vielzahl von Untersuchungen. Mit dem daraus resultierenden Diskurs um das Ehrenamt wandelte sich das Bild der freiwilligen Arbeit. Es ist inzwischen allgemeiner Erkenntnisstand, dass der gesellschaftliche Strukturwandel auch im Ehrenamt und der freiwilligen Arbeit seine Spuren hinterlassen hat. Die neuen Erkenntnisse über den Wandel der Motive zum freiwilligen Engagement und über die organisatorischen Herausforderungen in den Verbänden wurden unter dem Etikett „Modernisierung des Ehrenamtes" verdichtet. Allerdings fand in dieser Debatte das Thema „Migration und freiwillige Arbeit" wenig Beachtung. Hier setzt die Arbeit von *Jennifer Klöckner* an. Die Schnittstelle zwischen professioneller sozialer Dienstleistung und freiwilligem Engagement bilden unter anderem die Wohlfahrtsverbände und die Migrationsvereine. *Jennifer Klöckner* beschreibt in ihrer Studie die Entstehung und die Funktion von Wohlfahrtsverbänden wie auch der türkisch-islamischen Vereine in Deutschland, bilanziert den Forschungsstand empirischer Studien zu freiwilliger Arbeit und zeichnet die theoretischen Grundlagen zu den Motiven freiwilliger Arbeit nach. Mit Hilfe von Gesprächen mit Verbandsvertretern sowie einer standardisierten Befragung von freiwilligen und hauptamtlichen Mitarbeiterinnen und Mitarbeitern analysiert sie die Motive von Freiwilligen in der freien Wohlfahrtspflege und in türkisch-islamischen Vereinen. Sie geht dabei interdisziplinär vor und integriert sozialpsychologische, soziologische und ökonomische Theorien. Ihre Ergebnisse sind sowohl für die Forschung wie auch für die Praxis von Interesse.

Autorin

Jennifer Klöckner ist Akademische Rätin am Lehrstuhl für Sozialstruktur und Soziologie alternder Gesellschaften des Instituts für Soziologie, Technische Universität Dortmund. Ihre Forschungsschwerpunkte sind freiwillige Arbeit, soziale Partizipation und Alternsforschung.

Entstehungshintergrund

Das vorliegende Buch ist die Dissertation von *Jennifer Klöckner*. Sie wurde am Institut für Soziologie und Sozialpsychologie (ISS) der Universität Köln bei *Prof. em. Dr. Jürgen Friedrichs* eingereicht.

Aufbau und Inhalte

Das **erste Kapitel** gibt einen Überblick über Inhalt und Zielsetzung des Buches. Im **zweiten Kapitel** wird der Begriff „freiwillige Arbeit“ geklärt bzw. geschärft. *Jennifer Klöckner* unterscheidet vier Dimensionen freiwilliger Arbeit: freie Wahl, Belohnung, Struktur und Zielgruppe. Diesen Dimensionen werden jeweils unterschiedliche Grade der Ausprägung zugeordnet. Im **dritten Kapitel** wird die Entwicklung der Sozialordnung und der Wohlfahrtsorganisationen in Deutschland nachgezeichnet. Damit wird das Ziel verfolgt, den Stellenwert der freiwilligen Arbeit im System der Wohlfahrtspflege in der deutschen Gesellschaft besser zu verstehen. So wird die Entstehung der Sozialordnung in Deutschland kurz dargestellt und deren organisatorische Ausdifferenzierung in dem System öffentlicher und freier Wohlfahrtspflege beschrieben. Im **vierten Kapitel** wird ein kurzer Abriss der Geschichte der Arbeitsmigration nach Deutschland seit Ende des 19. Jahrhunderts gegeben. Der Fokus liegt hier auf den Migranten aus der Türkei und der Entwicklung der türkisch-islamischen Vereine seit Beginn des letzten Jahrhunderts. Die Bedeutung der Migrationsvereine liegt im Rahmen der Studie insbesondere darin, dass sie als Selbsthilfeorganisationen an der Schnittstelle von religiösen Vereinigungen, wohlfahrtsstaatlichen Aufgaben und freiwilligem Engagement liegen. Die Spitzenverbände der Wohlfahrtspflege können diese Funktion für Freiwillige mit islamischer Religionszugehörigkeit nur eingeschränkt wahrnehmen, da die Verbände überwiegend einer christlich-religiösen Grundorientierung verpflichtet sind. Nachdem die Rahmenbedingungen für die Studie dargelegt sind, werden im **fünften Kapitel** empirische Studien zu freiwilliger Arbeit vorgestellt.

Zunächst wird dazu ein Überblick über die Demographie freiwillig Engagierter gegeben. Dazu werden verschiedene Untersuchungen, unter anderem der Freiwilligensurvey und der Engagementatlas, vorgestellt und im Hinblick auf regionale, soziodemografische Unterschiede, zeitlicher Aufwand, differenzierende Engagementbereiche und Freiwillige mit Migrationshintergrund näher beschrieben. Ferner werden Studien zu Religion, Religiosität und freiwilliger Arbeit zusammengefasst, um dann den Forschungsstand zu den Motiven freiwilliger Arbeit zu referieren. Insgesamt werden in den vorgestellten Studien acht Motivbündel mit unterschiedlichen Kombinationen herausgearbeitet. Die Analyse der Studien zeigt aber trotz dieser Bündelung, dass es kein allgemeingültiges Konzept gibt, welches den Überlegungen zu Motiven freiwilliger Arbeit zugrunde liegt. Im **sechsten Kapitel** wird der theoretische Referenzrahmen für die eigene empirische Studie entwickelt. Freiwillige Arbeit wird auf der Basis ökonomischer Austauschtheorien analysiert, die das Geschehen im Rahmen von Kosten-Nutzen-Abwägungen begreifen. Freiwillige Arbeit wird so als rationales Handeln verstanden, in dem der Handelnde die einzusetzenden Ressourcen mit einer möglichen subjektiven Nutzenmaximierung abgleicht. Steigt die subjektive Nutzenmaximierung, erhöht sich auch die Motivation für freiwillige Arbeit. Dieses Grundmodell wird in Beziehung zu unterschiedlichen Organisationstypen auf dem „Engagementmarkt" gesetzt und untersucht, welche Einflüsse auf die Motivstruktur freiwilliger Mitarbeiter einwirken. Dazu wird die Kapitaltheorie von *Pierre Bourdieu* kurz vorgestellt und auf die freiwillige Arbeit übertragen. Auf der Basis der theoretischen Überlegungen werden außerdem die zentralen Hypothesen für die eigene empirische Studie entwickelt. Die methodischen Fragen, die Konstruktion der Fragebögen und die Operationalisierung der Fragestellungen werden im **siebten Kapitel** beschrieben.

In einem umfangreichen **achten Kapitel** werden die Ergebnisse der Studie ausführlich vorgestellt. Am Beginn stehen die Ergebnisse der Organisationsbefragung. Hier zeigen sich interessante Unterschiede zwischen den drei untersuchten Organisationstypen (solidarisch, zweckorientiert christlich und zweckorientiert türkisch-islamisch) beispielsweise im Hinblick auf Betätigungsfelder und Finanzierungsquellen. Die soziodemographischen Dimensionen der freiwilligen Mitarbeiter, Merkmale von Art und Umfang der freiwilligen Arbeit sowie die Verknüpfung dieser Merkmale mit den genannten drei Organisationstypen bilden einen weiteren Schwerpunkt. Entsprechend dem Erkenntnisinteresse der Studie nimmt die Beschreibung der Motive freiwilliger Arbeit einen breiten Raum ein. Da direkte Fragen nach den Motiven u.U. sozial erwünschte Antworten produzieren, wurden die Fragen nach den Motiven – entsprechend dem zugrundegelegten ökonomischen Theoriemodell – durch Fragen nach den Kosten und dem Nutzen der freiwilligen Arbeit ergänzt. Insbesondere bei der Gegenüberstellung der Ergebnisse in Bezug auf die drei genannten Organisationstypen werden dabei interessante Unterschiede erkennbar. Dies gilt auch für die Clusteranalyse der vier verdichteten Motivbündel und ihr Vergleich mit den drei Organisationstypen. In dem theoretischen Modell wird davon ausgegangen, dass unterschiedliche Sorten von „Kapital" (kulturelles Kapital, religiöses Kapital, soziales Kapital und Humankapital) Einfluss auf die Motive haben. Die Ergebnisse der Untersuchung zeigen, dass tatsächlich eine Vielzahl der beschriebenen Merkmale einen Einfluss auf die freiwillige Arbeit hat. Der signifikante Einfluss zeigt sich unter anderem in Bezug auf das kulturelle Kapital und die ausgewählten Motivcluster aber auch beispielsweise bei dem religiösen Kapital und dem Humankapital. Im letzten Abschnitt werden die Ergebnisse der Einflüsse von Religionszugehörigkeit und Religiosität in Bezug auf die Wahrscheinlichkeit, sich freiwillig zu engagieren, und darauf, ob dieser Einfluss in den beschriebenen Organisationstypen unterschiedlich ist, vorgestellt. Hier werden eine Reihe der im sechsten Kapitel entwickelten Hypothesen überprüft. Dabei zeigt sich, dass ein Großteil der Hypothesen bestätigt werden können. Im **neunten Kapitel** werden für den Leser die wichtigsten Ergebnisse zusammengefasst. Es ermöglicht insbesondere für den „eiligen" Leser eine rasche Orientierung.

Diskussion

Viele der empirischen Studien zu freiwilliger Arbeit und zum Ehrenamt sind auf einer deskriptiven Ebene angesiedelt. Sie liefern interessante Anregungen für die Debatte um den Wandel der Motive des freiwilligen Engagements, greifen in der Regel aber nur eingeschränkt auf ausgewiesene Theorien zurück. Dies ist bei der vorliegenden Arbeit von *Jennifer Klöckner* anders. Die Autorin liefert nicht nur einen umfassenden Überblick zu vorliegenden empirischen Studien, sondern entwickelt darüber hinaus ein komplexes Theoriemodell, das die Grundlage für die zu prüfenden Hypothesen bildet.

Dabei betritt sie inhaltlich und in Bezug auf die Zielgruppe Neuland und schließt eine Forschungslücke der Engagementforschung. Erstmalig wurden türkisch-islamische Vereine und deren freiwillige und hauptamtliche Mitarbeiter systematisch mit deutschen und türkischen Fragebögen untersucht. Dadurch eröffnet sich künftigen Studien die Möglichkeit, diese Ergebnisse zu nutzen und sie noch weiter zu differenzieren. Die Studie setzt einen hohen Standard im Rahmen der quantitativen empirischen Sozialforschung. Dies setzt beim Leser in manchen Passagen Kenntnisse in statistischen Auswertungsverfahren voraus. Die Arbeit wurde als Dissertation eingereicht und entspricht der State of the Art wissenschaftlicher Standards, was jedoch nicht immer die Lesbarkeit erhöht. Dies ist aber nur eine Randbemerkung und schmälert die Bedeutung der Studie keineswegs.

Fazit

Wohlfahrtsorganisationen unterliegen einem nachhaltigen gesellschaftlichen Wandel und stehen vor neuen organisatorischen Herausforderungen. Ihre Arbeit findet an der Schnittstelle von professioneller sozialer Dienstleistung und freiwilligem Engagement (Ehrenamt) statt. Letzteres speist sich aus unterschiedlichen Quellen und unterliegt vielfältigen Einflüssen. Die vorliegende Arbeit zeigt wie Veränderungen in der freien Wohlfahrtspflege und in türkisch-islamischen Vereinen Einfluss auf die Motive der freiwilligen Arbeit nehmen und wie diese sich in Bezug auf unterschiedliche Organisationstypen ausdifferenzieren. Durch ein interdisziplinäres Erklärungsmodell, das sozialpsychologische, soziologische und ökonomische Theorien miteinander vereint, wird in der Studie aufgezeigt, dass soziale und religiöse Motive einerseits sowie ein nutzenorientiertes menschliches Handeln andererseits eng miteinander verbunden sind. Dadurch wird sichtbar, dass hinter vordergründig altruistischen Motiven eine Kosten-Nutzen-Abwägung der freiwillig Engagierten verborgen liegt. Diese Erkenntnis eröffnet den Hauptamtlichen in gemeinnützigen Organisationen eine veränderte Perspektive, die für die Gewinnung und Betreuung von freiwillig Engagierten im Alltag Bedeutung hat.

Cornelia Rappe, Christoph Robrecht (Hg.): Ich möchte Sie besuchen! Das kleine Buch für den ehrenamtlichen Besuchsdienst in Krankenhäusern und Altenheimen.

Bonifatius (Paderborn) 2015. 112 Seiten. ISBN 978-3-89710-618-5. D: 9,90 EUR, A: 10,20 EUR, CH: 14,90 sFr.

Thema

In Deutschland gründete Brigitte Schröder (1917-2000), die Frau des ehemaligen Bundesinnen-, außen- und verteidigungsministers Dr. Gerhard Schröder die ehrenamtliche Arbeit des Besuchsdienstes im Krankenhaus. Die „Frauen und Männer in Grün", die aufgrund ihrer Dienstkleidung (grüner Kittel) manchmal so genannt werden, besuchen ehrenamtlich Patienten und Bewohner in Krankenhäusern oder Altenheimen. Mittlerweile engagieren sich in Deutschland rund 10 000 Frauen und 500 Männer in diesem ehrenamtlichen Feld. Das kleine Buch gibt den Ehrenamtlichen im Besuchsdienst grundlegende Informationen und Hilfen und will den engagierten Frauen und Männern damit mehr Sicherheit in ihrer Tätigkeit geben.

Autorin

Cornelia Rappe, Leiterin des ehrenamtlichen Besuchs- und Begleitdienstes des Brüderkrankenhauses St. Josef Paderborn und *Christoph Robrecht,* Theologe und Sozialmanager in der gleichen Einrichtung sind die Herausgeber des kleinen Buches. Angehörige verschiedener pflegerischer, sozialer und theologischer Berufe haben daran mitgewirkt und ihre Kompetenz und ihre Erfahrung eingebracht.

Entstehungshintergrund

Das Buch ist aus der praktischen Erfahrung mit dem Besuchs- und Begleitdienst des Brüderkrankenhauses St. Josef Paderborn entstanden und wendet sich an Menschen, die darüber nachdenken, ehrenamtlich im Besuchsdienst mitzuarbeiten oder an jene, die bereits im Besuchsdienst tätig sind. Diejenigen, die über ein künftiges Engagement nachdenken, soll dazu

Mut gemacht werden, diejenigen die bereits aktiv sind, soll der Rücken gestärkt werden.

Aufbau und Inhalte

Das Buch hat vier inhaltliche Schwerpunkte: *Grundlegendes, Konkretes, Spiritualität und Nützliches.*

Unter der Überschrift „**Grundlegendes**" wird über Voraussetzungen und Rahmenbedingungen des Handlungsfeldes informiert. So wird den Lesern anschaulich gezeigt, wie der „Organismus Krankenhaus tickt" und wie viel Abstimmungsarbeit zwischen Mitarbeiterinnen und Mitarbeitern erforderlich ist, damit Patienten sich wohl fühlen. Auch das sensible Thema des Zusammenspiels zwischen hauptberuflichen und ehrenamtlichen Mitarbeitern wird in einem Gespräch nachgezeichnet. Ein Einblick in das Ehrenamt im Altenheim rundet das Themenfeld ab.

Unter „**Konkretes**" werden verschiedene Facetten des Alltags des ehrenamtlichen Besuchsdienstes beschrieben. Das Gespräch ist ein wichtiges Medium zwischen dem ehrenamtlichen Besuchsdienst und den Patienten. Um das Gespräch erfolgreich und hilfreich zu gestalten, werden Grundhaltungen vorgestellt, die helfende Gespräche und erfüllte Begegnungen leichter ermöglichen.

Die Begegnungen mit kranken und alten Menschen bringen Belastungen für die Ehrenamtlichen mit sich. Deshalb gilt: Nur wer auch für sich sorgt, ist in der Lage für andere zu sorgen. Am Beispiel von Ritualen und kleinen Übungen wird gezeigt, wie es leichter fällt, mit den Belastungen aus dem Besuchsdienst umzugehen.

Ein Klinikclown schreibt über „Humor als Tanz des Herzens". Im zwischenmenschlichen Miteinander kann Humor den Zugang zu anderen Menschen erleichtern. Er hebt Grenzen auf und ist von Wertschätzung getragen. Der Humor des Herzens entspringt einer Grundhaltung, welche sich selbst die eigene Unperfektheit mit einem Augenzwinkern eingesteht und damit menschliche Größe zeigt.

Zu dem Alltag im Besuchsdienst gehört auch, dass Begegnungen und Gespräche misslingen können. In einem kleinen Abschnitt werden die Leser dafür sensibilisiert, dass „Misslingen" von den Beteiligten ganz untschiedlich wahrgenommen werden kann und es wird gezeigt, wie Ehrenamtliche damit umgehen können.

Die Begegnung mit demenzkranken Menschen und die Konfrontation mit dem Tod sind Teil des Besuchsdienstes im Krankenhaus und Altenheim. Auch hier werden Anregungen gegeben, wie man sich auf diese Begegnungen vorbereiten kann und welche Haltungen in diesen Situationen hilfreich sind.

Im Themenblock „**Spriritualität**" wird die christliche Dimension dargelegt. So werden Hilfen angeboten, wie der ehrenamtliche Besuchsdienst aus christlicher Sicht interpretiert werden kann und welche Bedeutung das Sakrament der Krankensalbung hat.

Unter der Überschrift „**Nützliches**" werden praktische Tipps und Informationen gegeben. Sie reichen von Grußformen in verschiedenen Sprachen für „Gute Besserung", über die Bedeutung der Händedesinfektion bis zu Fragen des Datenschutzes, der Schweigepflicht, Steuern und Versicherungen.

Diskussion und Fazit

Der Besuchsdienst im Krankenhaus oder im Altenheim ist eine anspruchsvolle und erfüllende Aufgabe. Menschen die überlegen, ehrenamtlich in diesem Handlungsfeld zu arbeiten, erhalten in dem kleinen Buch hilfreiche Anregungen für ihre Entscheidung. Ehrenamtliche, die in diesem Feld aktuell bereits tätig sind, bekommen Anstöße zum Nachdenken und um Neues auszuprobieren. Zentrale Themenbereiche aus der Praxis des Besuchsdienstes werden inhaltlich anschaulich dargestellt und didaktisch anregend präsentiert. Kurze fachliche Artikel, interessante Interviews mit Hauptberuflichen, Auszüge aus Tagebüchern der Ehrenamtlichen, Gedichte, praktische Anregungen, Literaturhinweise und viele weitere Elemente werden zu einem schlüssigen Gesamtbild vereint. Zwei Elemente bilden dabei die Basis der Publikation: Das christliche Menschenbild, dessen Geist das kleine Buch durchströmt und Autorinnen und Autoren, die es schaffen,

Theorie, Ethik und Praxis sensibel und anschaulich miteinander zu verbinden.

Michael Fischer: Ehrenamtliche in der Krankenhausseelsorge.

Lambertus Verlag GmbH (Freiburg) 2014. 134 Seiten. ISBN 978-3-7841-2585-5. D: 18,90 EUR, A: 19,50 EUR, CH: 27,50 sFr.

Thema

Aus der Leitungsperspektive eines konfessionell getragenen Krankenhauses betrachtet ist das seelsorgliche Angebot durch Ehrenamtliche nicht nur eine Einzelmaßnahme, sondern ein Baustein in dem komplexen Zusammenspiel der vielfältigen Unternehmensaufgaben. Damit Krankenhausseelsorge gelingt, ist u.a. zu klären, worin der Auftrag ehrenamtlicher Seelsorge im Zusammenspiel mit anderen Berufsgruppen besteht und wie ehrenamtliche Seelsorge definierten Qualitätsanforderungen genügen kann. Allgemein betrachtet stehen damit das Profil und die Qualität der ehrenamtlichen Seelsorge auf dem Prüfstand. In dem vorliegenden Buch wird darauf eine Antwort gegeben. Zunächst wird nach der Bedeutung und der Zukunft der Seelsorge im Gesundheitswesen gefragt und darauf aufbauend werden Grundsatzfragen in Bezug auf Ehrenamt und Professionalisierung pastoraler Handlungsfelder erörtert. In dem Hauptteil des Buches wird ein Qualifizierungskonzept für ehrenamtliche Seelsorgerinnen und Seelsorger im Gesundheitswesen vorgestellt und die gewonnenen Erfahrungen aus einem Kurs anschließend reflektiert. Am Ende des Buches steht ein Ausblick, der die Eckpunkte einer zukünftigen ehrenamtlich seelsorglichen Arbeit beschreibt.

Autor

Michael Fischer ist Universitätsprofessor und Vorstand des Instituts für Qualität und Ethik im Gesundheitswesen an der Privaten Universität für Gesundheitswissenschaften, medizinische Informatik und Technik (UMIT) in Hall (Tirol). Zugleich leitet er das Referat Leitbild/Qualitätsmanagement des Vorstands in der St. Franziskus-Stiftung Münster. Die Habilitationsschrift des Autors mit dem Titel: „Das konfessionelle Krankenhaus. Begründung und Gestaltung aus theologischer und unternehmerischer Perspektive" ist mit dem Wissenschaftspreis des Deutschen Caritasverbandes und dem Preis zur

Förderung des Dialogs zwischen Wirtschaft, Ethik und Religion in Österreich ausgezeichnet worden.

Entstehungshintergrund

Die Publikation ist das Ergebnis des Projektes „Kranke Menschen seelsorglich begleiten", das einer gemeinsamen Initiative der St. Franziskus-Stiftung Münster und der Hauptabteilung Seelsorge des Bischöflichen Generalvikariats des Bistums Münster entsprungen ist. In diesem Projekt wurden 2011/12 ehrenamtliche seelsorgliche Begleiter für Krankenhäuser ausgebildet, die zwischenzeitlich in der Krankenhausseelsorge im Einsatz sind. Das Konzept der Ausbildung und die Erfahrungen aus diesem Projekt werden evaluiert und in der Publikation dargestellt.

Aufbau und Inhalte

Im **ersten Kapitel** werden die Bedeutung und Zukunft der Seelsorge im Gesundheitswesen vorgestellt. Den Ausgangspunkt bildet folgende These: Kirchliche Krankenhäuser und andere soziale Einrichtungen sind wirtschaftliche Unternehmen, die einerseits mit knappen Ressourcen umgehen müssen andererseits aber auch einem theologisch begründeten kirchlichen Selbstanspruch zu genügen haben. Seelsorge ist insofern ein konstitutiver Bestandteil kirchlicher Krankenhäuser und hat sich bezüglich Profil und Qualitätsstandards an professionellen Ansprüchen zu messen.

Im **zweiten Kapitel** wird das Verhältnis von Profis und Amateuren in der Seelsorge näher bestimmt. Das Zweite Vatikanische Konzil hat die Bedeutung der Ehrenamtlichen in der Kirche gestärkt, indem Kirche nicht zuerst als priesterliche Institution definiert wird, sondern darüber, dass Laien und Priester als *Volk Gottes* eine gemeinsame Aufgabe zu erfüllen haben. Mit der Stärkung der Laien trat ein Professionalisierungsschub der Ehrenamtlichen ein, der zu einer Verunsicherung von Berufsrollen in den pastoralen Handlungsfeldern führte. Damit Ehrenamtliche und Hauptamtliche im Gesundheitswesen konstruktiv zusammenarbeiten, sind das je Spezifische und das Gemeinsame der jeweiligen Aufgaben- und Kompetenzfelder neu zu klären. Die Rolle der professionellen Mitarbeiter ist über eine ausgeprägte Fachkompetenz und über die Verpflichtung zu einer institutionellen Verantwortung für das Ganze definiert. Ehrenamtliche verfügen auch über

(Fach-)Kompetenzen, bringen diese aber nicht im Rahmen einer professionellen Rolle ein. Wird diese Differenz gesehen, eröffnen sich neue Felder der Unterstützung und der konstruktiven Zusammenarbeit.

Ehrenamtliche müssen für ihre seelsorgliche Aufgabe im Krankenhaus vorbereitet werden. Dies ist das Ziel des Kurses „Kranke Menschen seelsorglich begleiten – Ausbildung für Ehrenamtliche in der Krankenhausseelsorge“, der im **dritten Kapitel** vorgestellt wird. Neben der Werbung für den Kurs wurden Auswahlgespräche mit den Interessenten geführt, um Anhaltspunkte über die Motivation und mögliche Vorerfahrungen zu erhalten. Darüber hinaus wurden die hauptamtlichen Seelsorger in die Planung und Durchführung einbezogen, um die Akzeptanz in den Krankenhäusern für das Projekt zu erhöhen. Fünf Module bilden den Kern des Kurses. Sie beinhalten theoretische Grundlagen, Anregungen zur Selbstreflexion und praktische Elemente.

Im **vierten Kapitel** wird zunächst gezeigt, dass die Polarisierung zwischen altem (altruistische Motive) und neuem (selbstbezogene Motive) Ehrenamt wenig hilfreich ist. Die Motive bei den Ehrenamtlichen oszillieren zwischen beiden Polen. Dazu wird eine Untersuchung über die Motive und Erwartungen der Kursteilnehmer aber auch über deren Hoffnungen und Befürchtungen vorgestellt. Die Untersuchung zeigt, dass die Motive stark aus dem Glauben gespeist sind und einer Mischung aus altruistischen und egoistischen Motiven entspringen. Die Teilnehmer erwarten als Gegengabe zu ihrem Dienst eine solide Ausbildung und Begleitung, die Möglichkeit zur Übernahme von Verantwortung und die Wertschätzung ihrer Tätigkeit.

Im **fünften Kapitel** werden die Kompetenzen der Teilnehmer vor und nach dem Kurs dargestellt. Dazu werden theologische, seelsorgliche und krankheitsbezogene Kompetenzfelder unterschieden, die auf einer Skala von 0 bis 10 einzuschätzen sind. In allen Feldern konnte ein Zuwachs nachgewiesen werden. Im seelsorglichen Themenfeld ergibt sich mit fast 23 Prozent der größte Kompetenzzuwachs. Aber auch bei den theologischen und krankheitsbezogenen Kompetenzen liegt der Zuwachs über Prozent.

Das **sechste Kapitel** beinhaltet die Gesamtauswertung des Kurses sowie der einzelnen Module. Dabei wird deutlich, dass insbesondere die Kurseinheiten, die sich mit der eigenen Person, eigenen Glaubensfragen und praktischen Elementen der Umsetzung seelsorglicher Tätigkeit beschäftigten als sehr zufriedenstellend empfunden werden, während die Themenfelder, die sich auf den institutionellen Kontext des Krankenhauses beziehen als etwas weniger hilfreich wahrgenommen werden.

Im **siebten Kapitel** wird dargelegt, wie die Teilnehmer des Kurses in ihren Abschlussarbeiten ihr Selbstverständnis von Seelsorge im Krankenhaus reflektieren. Für viele der Teilnehmer ist Seelsorge im Krankenhaus Begegnung und Begleitung als Gottes Dienst am Menschen. Dazu bedarf es nach Einschätzung der Teilnehmer eine vorbehaltlose, wertschätzende und annehmende Grundhaltung und das Gespür für die Möglichkeit, weitere Perspektiven zu öffnen. Einen weiteren Fokus der Reflexionen richtet sich auf das seelsorgliche Gespräch und insbesondere darauf, eine Balance zwischen „Plaudern" und tiefer gehenden Gesprächen zu finden. Schließlich werden die Klärung der ehrenamtlichen Rolle und der Kern der Aufgaben ehrenamtlicher Seelsorge in der Auswertung reflektiert.

Ergänzend dazu wird im **achten Kapitel** die persönliche Fallschilderung einer Teilnehmerin vorgestellt. Im Vordergrund steht dabei nicht das Spektakuläre, sondern das alltägliche der seelsorglichen Arbeit im Krankenhaus.

Der Ausblick im **neunten Kapitel** verbindet zwei Zielperspektiven. Zum einen geht es um eine zukunftsfähige Seelsorge in den Einrichtungen des Gesundheitswesens, zum anderen um Verknüpfungen und Anschlüsse an die territoriale Seelsorge. Sowohl die Seelsorge im Gesundheitswesen wie auch die Seelsorgestrukturen in den Gemeinden und Pfarreien stehen inmitten von Umbrüchen. Eine Vernetzung der Akteure in beiden Feldern könnte für beide Bereiche hilfreich sein. Wie diese Vernetzung aussehen könnte, wird an sechs gemeinsamen Perspektiven kurz ausgeführt.

Diskussion und Fazit

Die seelsorgliche Arbeit in Einrichtungen des Gesundheitswesens ist im Umbruch. Um das wechselseitige Zusammenspiel von Ehrenamtlichen und hauptamtlichen Mitarbeitern in diesem Handlungsfeld wirksamer zu gestalten, sind das Gemeinsame und das Trennende der Aufgabenbereiche näher zu bestimmen. In dem vorliegenden Buch werden dazu das Profil und die Qualität seelsorglicher Arbeit im Krankenhaus herausgearbeitet. Dies geschieht integrativ, indem eine theologische Perspektive und eine Perspektive der unternehmerischen Gesamtverantwortung miteinander verknüpft werden. Dieser Fokus gibt der seelsorglichen Arbeit im Gesundheitswesen neue Impulse. Die Komplexität des Handlungsfeldes wird ernst genommen und damit der Blick für neue, zukunftsweisende Konzepte und Handlungsansätze geöffnet. Die im Buch dargestellten Analysen und Konzepte haben in weiten Bereichen Modellcharakter für die seelsorgliche Arbeit im Gesundheitswesen. Methodisch sind sie ein gelungenes Beispiel wie Theorie und Praxis gewinnbringend miteinander verknüpft werden können. Sie liefern damit generalisierbare Anregungen für die Weiterentwicklung der ehrenamtlichen Seelsorge. Theoretisch-inhaltlich gibt das Buch zukunftsweisende Anregungen für eine Neubestimmung der Seelsorge im Haupt- und Ehrenamt. Die Diskussion in diesem Handlungsfeld wird damit konstruktiv und innovativ beeinflusst.

Sonja Kubisch, Mario Störkle: Erfahrungswissen in der Zivilgesellschaft. Eine rekonstruktive Studie zum nachberuflichen Engagement.

Springer VS Verlag für Sozialwissenschaften (Wiesbaden) 2016. 234 Seiten. ISBN 978-3-658-02101-6. D: 39,99 EUR, A: 41,11 EUR, CH: 41,50 sFr.

Thema

Das Thema bürgerschaftliches Engagement trifft schon seit geraumer Zeit auf ein breites öffentliches Interesse. Einen Hintergrund dazu bilden gesellschaftliche, wirtschaftliche und sozialpolitische Herausforderungen, die wiederum auf die Notwendigkeit einer modifizierten staatlichen Wohlfahrts- und Gesellschaftspolitik verweisen. Dabei kommt dem bürgerschaftlichen Engagement eine wichtige Rolle zu. Umfangreiche quantitative Studien z.B. in Deutschland und der Schweiz haben bereits das Potenzial des freiwilligen Engagements deutlich gemacht. Gleichzeitig verweisen diese Studien aber auch darauf, dass die Potenziale noch nicht ausgeschöpft sind. Eine besondere Beachtung findet dabei die Gruppe der älteren Menschen. An dieser Stelle setzt die vorliegende Studie an. Sie versteht sich als rekonstruktive Studie, um Selbstorganisation und Erfahrungswissen von älteren Menschen im nachberuflichen Engagement zu erforschen. Als Ausgangspunkt und Feld dient das Schweizer Projekt Innovage. An diesem Projekt wird gezeigt, wie sich freiwillig Engagierte in Netzwerken selbst organisieren, wie sie ihr Engagement in Kooperation mit zivilgesellschaftlichen Organisationen auf der Basis ihres Erfahrungswissens gestalten und wie diese Praxis von den Kooperationspartnern wahrgenommen wird.

Autorin und Autor

Sonja Kubisch ist Professorin für die Wissenschaft der Sozialen Arbeit an der Fakultät für Angewandte Sozialwissenschaften der Fachhochschule Köln.
Mario Störkle ist Dozent und Projektleiter am Institut für Soziokulturelle Entwicklung an der Hochschule Luzern – Soziale Arbeit.

Entstehungshintergrund

Auftraggeber der Studie sind die Hochschule Luzern – Soziale Arbeit und Migros-Kulturproduzent (Schweiz). Letztere initiiert und finanziert Projekte in den Bereichen Kultur, Gesellschaft, Bildung, Freizeit und Wirtschaft. Das untersuchte Projekt Innovage, wurde 2006 von Migros-Kulturproduzent initiiert und finanziell gefördert. Die Hochschule Luzern – Soziale Arbeit war gemeinsam mit Migros-Kulturproduzent für die Gesamtsteuerung des Programms verantwortlich. Innovage richtet sich vorrangig an hoch qualifizierte Menschen in der nachberuflichen Lebensphase, die ihr Erfahrungswissen in zivilgesellschaftliche Projekte einbringen möchten. Zum Zeitpunkt der Studie waren an sechs Standorten über 100 ältere Menschen in der Schweiz als Innovage-Berater aktiv. Die Gründung von Innovage in der Schweiz wurde vom Bundesmodellprojekt „Erfahrungswissen für Initiativen“ *(EFI)* inspiriert, das von 2002 bis 2006 in Deutschland durchgeführt wurde.

Aufbau und Inhalte

Im **ersten Kapitel** wird in die zentralen Begriffe des gegenstandstheoretischen Diskurses der Studie eingeführt. Im Zentrum stehen die Begriffe „Zivilgesellschaft“, „Selbstorganisation“ und „Netzwerke in der Zivilgesellschaft“. Dabei werden die verschiedenen Debatten beispielsweise im Rahmen der neuen sozialen Bewegungen der 70er und 80er Jahre des letzten Jahrhunderts, die US-amerikanische Diskussion zum Kommunitarismus wie auch der Bericht der Enquete-Kommission zur „Zukunft des bürgerschaftlichen Engagements“ kurz vorgestellt und diskutiert. Für die weitere Vorgehensweise ist die Unterscheidung zwischen einem „bereichslogischen Verständnis“ von Zivilgesellschaft (Fokus: freiwilliges Engagement in öffentlichen Einrichtungen) und einem „handlungslogischen Verständnis“ (Fokus: Dimensionen des sozialen Handelns) bedeutsam. Da im Rahmen der Studie das Handeln der Akteure in der Zivilgesellschaft der zentrale Fokus ist, erweist sich gerade diese Unterscheidung als notwendig und hilfreich.

Am Beginn des **zweiten Kapitels** steht zunächst die Klärung der Begriffe aus dem Engagement-Diskurs im Fokus. Unterschiedliche Traditionen in der Schweiz und in Deutschland erfordern für die Studie eine begriffliche Festlegung, die in den Bezeichnungen „bürgerschaftliches Engagement“ und „freiwillig Engagierte“ gefunden werden. Im Weiteren wird gezeigt, dass das bürgerschaftliche Engagement im Alter sowohl unter dem Aspekt der steigenden Belastung des Sozialstaats aber auch unter dem Vorzeichen der Förderung von Potenzialen älterer Menschen gesehen werden kann. Bei einem Blick auf die Potenziale bzw. Ressourcen kommt dem Erfahrungswissen eine zentrale Rolle zu. Deshalb wird in dieses Konstrukt kurz eingeführt. Schließlich wird der quantitative und qualitative Forschungsstand zum bürgerschaftlichen Engagement älterer Menschen vorgestellt und darauf verwiesen, dass insbesondere bei den qualitativen Studien ein Mangel anzutreffen ist.

Im **dritten Kapitel** werden die theoretischen Grundlagen vorgestellt, mit der die Studie die Praxis der Selbstorganisation in den Netzwerken und das Erfahrungswissen älterer Menschen untersucht. Dazu werden auf die dokumentarische Methode und deren Grundlagentheorie eingegangen und entsprechende metatheoretische Begriffe erläutert. Am Ende des Kapitels werden die forschungsleitenden Fragen präzisiert.

Im **vierten Kapitel** wird auf die methodischen und forschungspraktischen Fragen der Studie eingegangen. Die Studie bestand aus 2 Teilprojekten. Das Erkenntnisinteresse von Teilprojekt 1 war auf die Praxis der Selbstorganisation in den Gruppen gerichtet. Die Gruppendiskussion war hier das Erhebungsverfahren. Teilprojekt 2 hat das Erkenntnisinteresse auf das Erfahrungswissen der freiwillig Engagierten gerichtet. Narrative Interviews waren hier das Instrument der Erhebung. Die Auswertung des Datenmaterials erfolgte auf der Basis der dokumentarischen Methode.

Im **fünften Kapitel** werden die Ergebnisse von Teilprojekt 1 vorgestellt. Alle sechs Gruppen die untersucht wurden, stehen gleichermaßen vor der Aufgabe, einen kollektiven Umgang mit unterschiedlichen Spannungsverhältnissen ihres bürgerschaftlichen Engagements zu finden. Die Auswertung der Gruppendiskussion zeigt drei unterschiedliche Typologien im Hinblick auf den Umgang mit „kollektiven Identitäten" und „Modi der Vergemeinschaftung". Typus 1 ist durch eine Orientierung an „Assimilation" charakterisiert. Hier steht die Erwartung an alle Mitglieder des Netzwerkes im Vordergrund, sich den Normen und Regeln des Netzwerkes anzupassen. Der Modus der Vergemeinschaftung erfolgt jedoch unterschiedlich: Entweder als Fortsetzung der beruflichen Tätigkeit, als informelle Geselligkeit oder als diskursive Verständigung. Typus 2 ist durch eine Orientierung an „Inklusion" charakterisiert. Die kollektive Identität ist hier weniger eindeutig konstruiert als beim 1. Typus. Im Vordergrund steht die Suche nach Möglichkeiten, alle Mitglieder zu beteiligen. Dabei werden neue Praxen entwickelt, die eine Veränderung für alle beteiligten Mitglieder mit sich bringen, weshalb von einer Vergemeinschaftung im Modus der Transformation gesprochen wird. Typus 3 schließlich ist dadurch charakterisiert, dass keine positive Vorstellung der kollektiven Identität entwickelt wurde. Mangelnde Verbindlichkeiten der Mitglieder, negative Gegenhorizonte und enttäuschte Hoffnungen prägen hier die kollektive Identität. Die Teilnehmer sehen sich selbst nicht als Gruppe. Ein Modus der Vergemeinschaftung ist deshalb auch nicht erkennbar.

Im **sechsten Kapitel** werden die Ergebnisse des 2. Teilprojekts vorgestellt. Hier sind die Projekte im Fokus, die von Innovage-Beratern mit zivilgesellschaftlichen Initiativen und Organisationen durchgeführt wurden. Zum einen wird untersucht, wie die Handlungsorientierungen der Berater im Hinblick auf ihr Erfahrungswissen analysiert werden können. Zum anderen wird die Perspektive der Kooperationspartner dargestellt und welche Erfahrungen diese mit den Beratern machen. Die Auswertung der narrativen Interviews lassen drei Typologien erkennen: Typus 1 wird als „normative Relationierung“ beschrieben und ist dadurch charakterisiert, dass die Berater eine eigene Idealvorstellung hinsichtlich der Realisierung von Projekten haben und diese auch einbringen. Typus 2 wird als „dependentes Anschließen“ beschrieben und ist dadurch charakterisiert, dass die Berater keine eigene Idealvorstellung hinsichtlich der erfolgreichen Realisierung von Projekten haben; die eigene Rolle im Projekt bleibt außerdem unklar. Typus 3 schließlich wird als „fluente Partizipation“ beschrieben. Der Berater nimmt unmittelbar an der Praxis des Projekts teil, seine Handlungsrepertoires fließen gleichsam mit denen der Kooperationspartner zusammen.

Die Erfahrungen der Kooperationspartner mit den Beratern lassen sich in zwei Arten der Erfahrung von Differenz beschreiben. Zum einen als eine Differenz auf der habituellen Ebene, die Ausdruck von Milieudifferenzen sein kann und in unterschiedlichen Projekten sowohl positiv wie auch negativ bewertet werden. Zum anderen als eine Differenz auf der Ebene von Kenntnissen, Kompetenzen und Rollen, die jedoch überwiegend als reibungs- und konfliktlos bewertet werden.

Im **siebte Kapitel,** werden die zentralen Ergebnisse zusammen gefasst und in den Kontext der Studie eingeordnet und diskutiert. Abschließend werden perspektivisch drei Fragen für weiterführende Studien formuliert.

Diskussion und Fazit

Die meisten Studien zum bürgerschaftlichen Engagement sind quantitativer Art. Damit wurde das Wissen über Umfang, Art und Weise des freiwilligen Engagements sowie über individuelle Motive freiwillig Engagierter erweitert und ergänzt. Es liegen jedoch nur in begrenztem Umfang Studien darüber vor, **wie** die Akteure im Kontext des bürgerschaftlichen Engagements ihre individuellen Motive einbringen und insbesondere, wie der Umgang zwischen den freiwillig Engagierten mit der Vielfalt der vorliegenden Handlungsorientierungen gestaltet wird. Zwar liegen qualitative Studien zu dem Feld vor, diese beschränken sich jedoch überwiegend darauf, reflexive Wissensbestände der Befragten zu erforschen. Das Erfahrungswissen und insbesondere die Generierung kollektiver Wissensbestände und Identitäten blieben bisher weitgehend unberücksichtigt. Die vorliegende Studie schließt hier eine Lücke. Sie sensibilisiert für den Prozess der Interaktion bzw. des sozialen Handelns im Rahmen des bürgerschaftlichen Engagements und gibt deshalb auch Antworten darauf, wie vielfältig die kollektiven Formen der Selbstorganisation in diesem Kontext sind, wie Erfahrungswissen eingebracht wird und wo Potenziale des erfolgreichen freiwilligen Engagements liegen bzw. wo Gefahren des Scheiterns lauern. In diesem Sinne leistet die Studie Pionierarbeit und erweitert das Grundlagenwissen über freiwillig Engagierte. Als Grundlagenstudie liefert sie auch viele Anregungen für weitere qualitative Forschungen in dem Feld. Der Praxis des bürgerschaftlichen Engagements ist zu wünschen, dass die Ergebnisse dieser Studie wahrgenommen und hinsichtlich ihrer praktischen Folgen intensiv diskutiert werden. Als Leser hätte ich mir allerdings gewünscht, dass in dem vorliegenden Buch bezüglich der praktischen Folgen – auch wenn die grundlagentheoretischen und methodologischen Forschungsfragen im Vordergrund stehen sollen und müssen – mehr Impulse und Anregungen gegeben werden. Die Erwartungen, die diesbezüglich an das Schlusskapitel geknüpft waren, sind enttäuscht worden. Mehr Mut zur Formulierung von professions- und sozialpolitischen Konsequenzen aus der Studie hätte durchaus gut getan. Trotzdem: Ein Studie, die dem Diskurs zum freiwilligen Engagement wichtige Impulse gibt.

Victor Feiler: Funktionslogiken organisierten freiwilligen Engagements. Eine Studie über das Kolpingwerk Deutschland.

Springer VS Verlag für Sozialwissenschaften (Wiesbaden) 2016. 453 Seiten. ISBN 978-3-658-12304-8. D: 59,99 EUR, A: 61,67 EUR, CH: 62,00 sFr.

Thema

Literatur über den Strukturwandel des Ehrenamts bzw. des freiwilligen Engagements, den Wandel der Motive freiwillig Engagierter, die gesellschafts- und sozialpolitische Bedeutung des freiwilligen Engagements, die Neugestaltung der Zusammenarbeit von Hauptberuflichen und freiwillig Engagierten und die konzeptionellen Möglichkeiten eines Freiwilligen-Managements gibt es inzwischen in großer Zahl. Allerdings fand bisher die erkenntnisleitende Frage, wie Struktur und Funktion von Organisationen Einfluss auf das freiwillige Engagement nehmen, wenig Widerhall. Die aus einer organisationssoziologischen Perspektive naheliegende Frage blieb damit weitgehend ungeklärt. Diese Lücke schließt nun die Studie von *Victor Feiler*. Der Autor arbeitet organisationstheoretische Analyseperspektiven des freiwilligen Engagements heraus und wendet diese auf zentrale Kategorien des Handelns in Organisationen wie Kommunikation, Willensbildung und Entscheidungsfindung an. So entsteht einerseits ein in sich schlüssiger organisationstheoretischer Bezugsrahmen wie andererseits ein differenzierter Blick in das Innenleben des Kolpingwerkes Deutschland, der für Forscher wie Praktiker gleichermaßen von Interesse ist und neue Perspektiven eröffnet.

Autor

Victor Feiler hat in den 80er Jahren an der Otto-Friedrich-Universität in Bamberg Politikwissenschaften studiert und arbeitet seit Ende der 80er Jahre beim Bundesverband des Kolpingwerkes Deutschland. Gegenwärtig leitet er dort im Bundessekretariat das Referat Gesellschaftspolitik.

Entstehungshintergrund

Die Einzelfallstudie ist die gekürzte und leicht überarbeitete Fassung der Doktorarbeit des Verfassers. Die Doktorarbeit wurde im Fachbereich Sozialwissenschaften der Universität Osnabrück (*Prof. Dr. Ralf Kleinfeld*) 2015 vorgelegt und dort erfolgreich angenommen. Die empirische Grundlage der Einzelfallstudie sind öffentliche und interne Dokumente des Bundesverbandes des Kolpingwerkes Deutschland, Ergebnisse einer Mitgliederbefragung, auf die der Autor zurückgreifen konnte, Experteninterviews und Kenntnisse des Autors aus seiner eigenen langjährigen Verbandsarbeit.

Aufbau und Inhalte

Im **ersten Kapitel** wird ein kurzer Überblick über den Forschungsstand zum freiwilligen Engagement gegeben und herausgearbeitet, dass insbesondere die organisationstheoretische Perspektive bisher wenig Beachtung fand. Mit der Studie soll dieses Defizit abgebaut werden und die Grundlage „zum Verständnis von Struktur, Funktionen, Logiken und strategischen Herausforderungen" (36) einer überregionalen Organisation freiwilligen Engagements gegeben werden. Den theoretischen Rahmen für die Analyse bilden die Systemtheorie und hier insbesondere das „Input-Output-Modell". Die Theorie wird auf die Binnenbeziehungen des Systems Kolpingwerk Deutschland (Black Box) übertragen. Organisationssoziologisch werden dazu die Dimensionen Kommunikation, Interesse, Koordination des Handelns und Stabilität ausgewählt, die im Weiteren analysiert werden.

Das **zweite Kapitel** stellt den theoretischen Rahmen für die Kapitel 3 bis 5 dar. Dazu wird danach gefragt, welche Abgrenzungskriterien zwischen den Subsystemen eines Verbandes wirksam werden und wie sie über funktionale und dysfunktionale Wirkungen erfasst werden können. Die Wirkungen werden im Hinblick auf die Kriterien Interessenverfolgung und Kommunikation untersucht und damit die formale Struktur des Kolpingwerkes Deutschland in der Binnenabgrenzung auf vertikaler (Bundes-, Landes-, Diözesanebene etc.) und horizontaler Ebene analysiert. Über die Organisationsprinzipien Ehrenamt und Subsidiarität werden besondere Strukturelemente des Verbandes erfasst und aufgezeigt, welche Trends und Problemlagen sich im Kolpingwerk Deutschland ergeben. Das

Kapitel schließt mit der Beschreibung der organisationskulturellen Außenabgrenzung ab, die als milieugeprägte Gesinnungsgemeinschaft charakterisiert wird.

Im **dritten Kapitel** steht die Kommunikation im Sinne des Informationstransfers im Fokus. Kommunikation wird in der hier zugrunde gelegten Theorie zum einen als Möglichkeit der Beziehung zur Organisationsumwelt und zum anderen in der innerorganisatorischen Willens- und Entscheidungsbildung erfasst. Willens- und Entscheidungsbildung sind an Strukturen gebunden und setzen die Möglichkeit des formalen Informationstransfers zwischen Subsystemen voraus. Mit Hilfe der entwickelten Begrifflichkeiten werden satzungsbedingte Informationsbeziehungen beschrieben und in der Folge dysfunktionale Entwicklungen in Bezug auf verschiedene Organe des Verbandes aufgezeigt.

In einem kurzen **vierten Kapitel** wird der Einfluss der Subsysteme auf die Willensbildung und Entscheidungsfindung im Verband untersucht. Dazu werden zunächst die formellen und informellen Willensbildungs- und Entscheidungswege nachgezeichnet. Als Ergebnis der Untersuchung wird deutlich, dass die Willensbildung und Entscheidungsfindung stark auf die einzelnen Subsysteme fixiert ist, was als ein hohes Autonomiepotenzial der einzelnen formalen Ebenen interpretiert wird.

Das umfangreiche **fünfte Kapitel** bildet das Kernstück der Studie, in dem die Erstellung eines Grundsatzprogrammes des Kolpingwerkes Deutschland exemplarisch nachgezeichnet und mit Hilfe der entwickelten theoretischen Begrifflichkeiten analysiert wird. Das Ziel des Kapitels ist es, Struktur, Komplexität und Problemkonstellationen dieses Prozesses deutlich zu machen. Dazu werden abgrenzbarer Phasen der Willensbildung und Entscheidungsfindung identifiziert und diese unter entscheidungspolitischen sowie kommunikationstheoretischen Aspekten analysiert. Abschließend werden Grundüberlegungen zur Schaffung eines Kommunikationsmanagements vorgestellt, in dem Entscheidungsverfahren über Legitimation, Partizipation und Verbindlichkeit bewusst gemacht werden.

Im **sechsten Kapitel** wird eine neue Analysedimension eingeführt. Hier wird danach gefragt, welchen „Logiken" die vorgestellten formalen Ebenen der Willensbildung und Entscheidungsfindung folgen. Dazu wird der Begriff des „Interesses" eingeführt, der als Prozess der Zielorientierung bzw. -erreichung definiert wird und über Kontextvariablen wie Aufgaben, Kompetenzen und Ressourcen seine Ausprägung erfährt. Mit diesem Analyserahmen werden drei unterschiedliche Organisationsebenen untersucht und Schlussfolgerungen gezogen.

Im **siebten Kapitel** erfolgt zunächst auf der Basis organisationssoziologischer und politologischer Überlegungen eine Einordnung des Kolpingwerkes Deutschland in eine Organisationstypologie des Dritten Sektors. Dabei wird deutlich, dass die Forschung über den Dritten Sektor einen Organisationstyp wie das Kolpingwerk Deutschland bisher nicht angemessen erfasst. Ein weiterer Fokus der weiterführenden Analyse wird auf Themen wie organisationale Dilemmata, strategisches Management und die Frage von Effektivität und Effizienz gerichtet und einige Befunde der Studie unter diesen Aspekten interpretiert.

In einem abschließenden **achten Kapitel** werden die wesentlichen Ergebnisse der Studie noch einmal gebündelt vorgetragen und weitergehende Fragen formuliert.

Diskussion

Die vorliegende Studie gibt viele Anregungen, um den Zusammenhang von Organisation und freiwilligem Engagement besser zu verstehen. Im Zentrum steht die Frage, wie sich formale Strukturen, werteorientierte Prämissen der Organisationskultur, Formen der Kommunikation und Informationsverbreitung und interessengeleitetes Handeln auf den Prozess der internen Willensbildung und Entscheidungsfindung eines milieugeprägten Gesinnungsverbandes auswirken? Die bisherige Forschung hat in erster Linie die freiwillig Engagierten und deren Handeln als Helfer und Unterstützer Dritten gegenüber im Blick. Die Fallstudie macht deutlich, dass dieser Fokus zu ergänzen ist. Neben den klassischen Verbänden mit der klaren Abgrenzung zwischen freiwillig Engagierten und professionellen Hauptberuflichen gibt es einen weiteren Typus, bei dem die Grenzen zwischen freiwillig Engagierten und Hauptamtlichen fließend sind. Das

Kolpingwerk Deutschland gehört zu diesem Typus. Lässt man sich darauf ein, dann zeigt sich plötzlich ein vielschichtiges und komplexes Bild. Die traditionellen Konzepte einer Organisations- und Ehrenamtsentwicklung reichen bei Weitem nicht aus, um diesem Typus gerecht zu werden. Das Verdienst der Studie ist es, die Augen für diesen neuen Blick geöffnet zu haben. Dabei verbindet der Autor ein enormes Detailwissen aus dem Innenleben einer Organisation mit der Fähigkeit zur wissenschaftlichen Analyse, ohne den notwendig kritischen Außenblick zu verlieren.

Dieser positiven Bilanz stehen einige kritische Anmerkungen gegenüber. Um es auf den Punkt zu bringen: Der Veröffentlichung hätte eine Straffung des Textes und eine kritische Durchsicht in Bezug auf Tippfehler, Layout, Gliederung und Redundanzen gut getan. Dem Leser wären damit Wiederholungen, Sprünge in der Argumentation und eine stellenweise etwas verwirrende Gliederung erspart geblieben. Auch die Entfaltung der Theorie ist eher an der Entwicklung begrifflicher Klassifikationsschemata orientiert und weniger an der Entfaltung inhaltlicher Verbindungslinien zwischen komplexen Theorieelementen. Dadurch entsteht der Eindruck, dass, wie bei einem Steinbruch, einzelne Elemente der Theorie „passend" herausgebrochen werden. Außerdem ist die Trennung zwischen den deskriptiven Aspekten der Studie und den theoretisch-analytischen nicht immer trennscharf.

Fazit

Die Studie zeigt beeindruckend die Vielfalt und Komplexität des Zusammenhangs von Organisation und freiwilligem Engagement in einem Sektor der Verbändeforschung auf. Die Auswirkungen von organisationsspezifischen Funktionslogiken und formalen Strukturen auf interne Prozesse der Willensbildung und Entscheidungsfindung können so besser verstanden und erklärt werden. Die Veröffentlichung gibt gleichermaßen Praktikern in den Verbänden und Forschungsinteressierten weiterführende Anregungen.

Christina Goesmann: Wertschätzung ehrenamtlicher Arbeit. Quellen der Wertschätzung in der psychosozialen Demenzbetreuung.

transcript (Bielefeld) 2016. 215 Seiten. ISBN 978-3-8376-3668-0. D: 32,99 EUR, A: 34,00 EUR, CH: 40,30 sFr.

Thema

Nicht nur am Tag des Ehrenamtes, dem 05. Dezember, wird die Forderung nach einer „Kultur der Anerkennung" für das freiwillige Engagement von einer breiten Welle der Zustimmung getragen. Fast in jedem Maßnahmenkatalog zur Verbesserung des Ehrenamtes aber auch in den Stellungnahmen der Politik ist diese Forderung zu finden. So einleuchtend dies auch ist, so wenig verfügen wir über ein gesichertes Wissen darüber, wie genau Anerkennung und Wertschätzung zur Verbesserung des freiwilligen Engagements beiträgt und welche Wirkungen damit bei der Motivation und bei der Engagementbereitschaft der Ehrenamtlichen tatsächlich erzielt werden können.

An dieser Wissenslücke setzt *Christina Goesmann* mit ihrer Studie an. Am Beispiel der ehrenamtlichen psychosozialen Demenzbetreuung geht sie exemplarisch den Fragen nach, welche Bedeutung die Wertschätzung konkret für ehrenamtlich tätige Personen hat und wie sich diese auf die Qualität der ehrenamtlichen Arbeit auswirkt. Auf der Basis von objektiv-hermeneutischen Fallanalysen rekonstruiert sie Handlungsstrukturen und Relevanzsysteme der Befragten und entwickelt darauf aufbauend eine Typologie der Wertschätzung im Ehrenamt. Ihr Fazit ist ernüchternd und hoffnungsvoll zugleich. Wertschätzung drückt sich nicht nur in Dank und Lob aus, sondern ist an eine voraussetzungsvolle und komplexe Struktur gebunden, die sich einer schlichten Kausalität von „einem Mehr an Wertschätzung als einem Mittel für ein Mehr an Ehrenamt" widersetzt. Wertschätzung ist vielmehr „ein Produkt der Interaktion zwischen den Ehrenamtlichen und den von ihnen betreuten Personen" und damit eine Frage der Qualität der Betreuung.

Autorin

Christine Goesmann ist wissenschaftliche Mitarbeiterin am iap – Institut für Arbeit & Personal der FOM Hochschule für Oekonomie & Management in Essen.

Entstehungshintergrund

Die Studie ist als Dissertation zwischen 2010 und 2015 an der Technischen Universität Dortmund entstanden.

Aufbau und Inhalte

In den **ersten Kapiteln** des Buches werden die Grundlagen zum Verhältnis von Ehrenamt und Profession gelegt, unterschiedliche Formen der Wertschätzung entwickelt und Theorien zum Thema Wertschätzung erörtert.

In den darauf **folgenden Kapiteln** werden neben dem methodischen Vorgehen die empirischen Befunde vorgestellt und diese in einer Typologie generalisiert. Ein kurzes Fazit schließt die Studie ab.

Im **ersten Kapitel** wird die ehrenamtliche Pflege als Baustein im Wohlfahrtmix vorgestellt und im Hinblick auf ihre Voraussetzungen und Konflikte diskutiert. Darüber hinaus wird in die zentralen Begrifflichkeiten wie Demenz, ehrenamtliche Arbeit und Profession eingeführt. Von weitreichender Bedeutung für die Studie ist dabei der Rückgriff auf den pädagogisch-therapeutischen Professionsbegriff *Ulrich Oevermanns,* der „professionelles Handeln als stellvertretende Krisenbewältigung im Spannungsfeld zwischen Fachwissen und Fallverstehen versteht". In diesem Verständnis bedeutet professionelles Handelnden den Einsatz von Kompetenzen gepaart mit einer Arbeitshaltung und konstituiert – entgegen weitläufiger Annahmen – keinen Gegensatz zwischen beruflicher und ehrenamtlicher Arbeit. Dieser Ansatz wird im dritten Kapitel näher begründet.

Im **zweiten Kapitel** werden drei verschiedenen Formen von Wertschätzung und deren Bedeutung für die Ehrenamtlichen genauer betrachtet. Die monetäre Wertschätzung findet sich beispielsweise in Form der Aufwandsentschädigung für ehrenamtliche Arbeit. Sie kann für Ehrenamtliche unter bestimmten Umständen eine Form der Wertschätzung darstellen. Dabei ist zu beachten, dass möglicherweise Funktionslogiken der Erwerbsarbeit Einzug in das Ehrenamt halten. Viele Vorschläge in der Fachliteratur gruppieren sich um die organisationale Wertschätzung z.B. in Form von Ehrungen, Feste, Ausflüge etc. Schließlich wird noch auf die gesellschaftliche Wertschätzung eingegangen, die allerdings kritisch bzgl. ihrer stärkenden Wirkung auf das ehrenamtliche Handeln eingeschätzt wird.

Das **dritte Kapitel** legt die theoretischen Grundlagen für die Studie. Dazu bezieht sich *Christine Goesmann* auf die Anerkennungstheorie von *Axel Honneth*, der drei Sphären der Anerkennung unterscheidet: 1. Liebe: Hier beruht die Anerkennung auf Zuneigung und einem Gleichgewicht von Symbiose und Selbstbehauptung. 2. Recht: Die Anerkennung baut auf wandelbaren Moralprinzipien auf und ist nicht auf eine konkrete Person bezogen, sondern auf einen „generalisierten Anderen" der die Rolle des Gegenübers einnimmt. 3. Solidarität/ Leistung: Hier wird nicht von Anerkennung, sondern von Wertschätzung eines Individuums gesprochen. Diese ergibt sich in Bezug auf einen intersubjektiv geteilten Bewertungsrahmen. Verknüpft werden die drei Sphären der Anerkennung bzw. Wertschätzung mit der These, dass Professionalität eine Voraussetzung für gelingende Wertschätzungsstrukturen im ehrenamtlichen Handeln ist. Das Kapitel schließt mit einer Konkretisierung der forschungstheoretischen Fragen ab.

Im **vierten Kapitel** werden das methodische Vorgehen dargelegt und das Verfahren der objektiven Hermeneutik kurz vorgestellt.

In einem umfangreichen **fünften Kapitel** werden die empirischen Ergebnisse der Studie diskutiert.

- Zu Beginn werden die Interviewpartnerinnen und der Interviewpartner vorgestellt und aus der Analyse des Materials Fallstrukturhypothesen gebildet. Bereits hier konnten grundlegende Unterschiede in der Beziehung zwischen ehrenamtlichen Handeln und handlungsleitenden Motiven bei den Interviewten rekonstruiert werden. Sie umfassen beispielsweise das klassische Motiv der Nächstenliebe, das sich in einer diffusen Gestaltung der Ehrenamtsbeziehung (im Gegensatz zu einer spezifischen, d.h. rollenförmigen Sozialbeziehung) niederschlägt oder im Gegensatz dazu jenes Motiv, das Ehrenamt als Substitut für eine nicht erreichbare Erwerbsarbeit betrachtet und sich in einem rollenförmigen Handeln präsentiert. Auch in der symmetrischen oder asymmetrischen Gestaltung der Beziehung zwischen Ehrenamtlichen und Betreuten zeigen sich charakteristische Unterschiede.
- In einem zweiten Teil werden Motive und Relevanzstrukturen bzgl. der Bedeutung des Geldes als Quelle der Anerkennung rekonstruiert. Dabei wird erkennbar, dass Geld nur in einem sehr begrenzten Umfang als Ausdruck von Anerkennung geeignet ist. Dies ist nur

dann der Fall, wenn ein Aufwand, der von den Interviewten subjektiv als Kosten gedeutet wird, dadurch abgedeckt werden kann.

- In dem dritten Teil des fünften Kapitels werden verschiedene Formen von Anerkennung und Wertschätzung aus dem Fallmaterial rekonstruiert und systematisch dargestellt. Dabei gerät eine erstaunliche Vielfalt unterschiedlicher Wertschätzungsformen in den Blick, auf die hier nur auszugsweise eingegangen wird. So wird u.a. rekonstruiert, wie das gemeinsame Musizieren eine asymmetrische Beziehung zwischen Gesunden und (Demenz-) Kranken aufheben kann aber auch welche positiven Wirkungen dadurch bei den Ehrenamtlichen selbst erzeugt werden können. In Bezug auf die Kooperation zwischen Ehrenamtlichen und beruflich Pflegenden wird gezeigt, dass Ehrenamtliche ihr Handeln relativ autonom gestalten, wenn es darum geht, sich in die Strukturen und Zwänge der Einrichtungen einzufügen, was bei den beruflichen Pflegekräften allerdings zu einer empfundenen Konkurrenzsituation führen kann. Die Schaffung von Handlungsspielräumen und mehr Verantwortung für die ehrenamtlichen Helfer bewirkt in der Deutung der Ehrenamtlichen eine Steigerung der Motivation und des Engagements. Darin kommt die Bedeutung der organisationalen Wertschätzung zum Ausdruck, die sich auch bzgl. der Anerkennung der Arbeitsqualität und des Arbeitseinsatzes zeigt. Auch in Bezug auf die zentrale Forschungsthese, dass professionelles Handeln im oben definierten Sinne bei den Ehrenamtlichen Wertschätzungsstrukturen stärkt, sind interessante Zusammenhänge rekonstruierbar. So fördert Fachkompetenz sowie die Fähigkeit, mit Programmangeboten an den individuellen Fähigkeiten und persönlichen Biografien der Demenzkranken anzuknüpfen, die Möglichkeit eine gelingende Interaktionskompetenz zu gestalten. Umgekehrt wird deutlich, wie ein Mangel an fachlicher Kompetenz zu Überforderung führen kann.

In einem abschließenden **sechsten Kapitel** werden zunächst die Typologie der Motivlagen und der habituellen Strukturen der ehrenamtlichen Akteure vervollständigt und in einer Tabelle in Bezug auf Motivation, Habitus und Art der Wertschätzung zusammengefasst. Dabei sind vier Muster zu erkennen:

1. Nächstenliebe und Altruismus,
2. Substitution und Instrumentalisierung,
3. Freiheit und Lebendigkeit,

4. Gemeinwohlorientierung und Pragmatismus.

Außerdem wird die zentrale Frage, wie Wertschätzung mit Professionalität korrespondiert ebenfalls in einer Typologie der Wertschätzung gebündelt. Zu dieser gehören

1. die Fähigkeit, reziproke Wertschätzungsstrukturen zu gestalten,
2. über ein Fachwissen zu verfügen, um das eigene Handeln selbständig und sicher zu bewerten,
3. daraus Wertschätzung für sich selbst zu beziehen sowie
4. eine Übereinstimmung zwischen den eigenen Ansprüchen und dem eigenen Tun herzustellen.

Interessant ist auch der Typus der organisationalen Wertschätzung, der sich beispielsweise in Schulungen oder in der Erweiterung von Handlungsspielräumen zeigt. Er stellt die einzige Form dar, die instrumentell eingesetzt werden kann. Abgerundet wird das Kapitel mit einer Diskussion über die Professionalitätsanforderung im Ehrenamt und mit einem Plädoyer für ein Schulungsangebot, in dem nicht so sehr das altenpflegerische Wissen im Mittelpunkt steht, sondern die Vermittlung einer pflegerischen bzw. professionellen Arbeitshaltung. Das Kapitel endet mit einer abschließenden Einordnung der Ergebnisse in die Anerkennungstheorie *Axel Honneths*.

Diskussion

Die Studie zeigt eindrucksvoll, dass eine vordergründige Betrachtung von Anerkennung und Wertschätzung als Instrument der Ehrenamtsförderung viel zu kurz greift. Worum es stattdessen geht, ist, Bedingungen der Möglichkeit für Wertschätzungsstrukturen zu schaffen, um die Qualität der ehrenamtlichen Arbeit zu verbessern. Dies gelingt nicht mit dem instrumentellen Einsatz von Lob und Dank.

Die Schaffung von Wertschätzungsstrukturen erfordert in gewissem Umfang Fachwissen und Interaktionskompetenz ebenso wie die Entwicklung einer professionellen Arbeitshaltung, die auf der Fähigkeit aufbaut, Nähe und Distanz zu balancieren und das eigene Menschenbild wertebezogen reflektieren zu können. In einer fachlich sehr fundierten, inhaltlich klaren aber auch behutsamen Art und Weise zeichnet *Christina Goesmann* ein facettenreiches Bild der Strukturen von Wertschätzung in der psychosozialen Demenzbetreuung und setzt damit einen Kontrapunkt zu einem verkürzten Verständnis von Wertschätzung und Ehrenamt.

Spannend und anregend zugleich ist die Verknüpfung der Sphäre der Wertschätzung mit der Professionalität. Die hier aufgezeigte Perspektive ist sehr hilfreich, um die polarisierende Gegenüberstellung von beruflicher und ehrenamtlicher Hilfe konstruktiv aufzubrechen. In der Studie stand das Verhältnis zwischen ehrenamtlichen Helfern und Menschen, die an Demenz erkrankt sind im Vordergrund. Ergänzend dazu könnte es für künftige Studien ebenso spannend und erhellend sein, wenn Handlungsstrukturen und Relevanzsysteme in der Beziehung zwischen ehrenamtlichen und beruflichen Helfern rekonstruiert werden. Dies gilt insbesondere für jene Handlungsfelder, in denen Ehrenamtliche enger in die Strukturen von Einrichtungen eingebunden sind.

Fazit

Die vorliegende Studie kann allen Interessierten aus dem Sozial- und Gesundheitsbereich, die an der Schnittstelle zum Ehrenamt arbeiten eindringlich empfohlen werden. Sie liefert bemerkenswerte Denkanstöße, um die etwas eingefahrenen Denkmuster bzgl. der Ehrenamtsförderung konstruktiv aufzubrechen und zu erweitern. In diesem Sinne wünsche ich dem Buch eine große Aufmerksamkeit und eine weite Verbreitung.

Cornelia Coenen-Marx, Beate Hofmann (Hrsg.): Symphonie – Drama – Powerplay. Zum Zusammenspiel von Haupt- und Ehrenamt in der Kirche.

Kohlhammer Verlag (Stuttgart) 2017. 248 Seiten. ISBN 978-3-17-032216-5. D: 26,00 EUR, A: 26,80 EUR.

Thema

Gegenwärtig erleben wir eine neue Phase der theoretischen Auseinandersetzung mit dem Ehrenamt bzw. dem freiwilligen Engagement. Die globalen Erkenntnisse zum Strukturwandel des Ehrenamtes können als gesichert gelten und haben sowohl auf politischer wie auf verbandlicher Ebene nachhaltige Impulse gesetzt. In der aktuellen Phase des Diskurses werden nun einzelne Themenaspekte und spezifische Besonderheiten differenzierter analysiert. Differenzierung erfolgt in Einzelstudien zu spezifischen Handlungsfeldern des Ehrenamtes aber auch im theoretischen Zugang. So werden organisationssoziologische Studien zu den Rahmenbedingungen des Ehrenamtes, neue professionstheoretische Analysen zur Kooperation von Haupt- und Ehrenamtlichen aber auch sozialphilosophisch begründete Ansätze zum Thema Anerkennungskultur vermehrt veröffentlicht.

In diese Phase der Differenzierung kann auch das vorliegende Buch eingegliedert werden. Das spezifische Handlungsfeld ist hier die Kirche, die sowohl in Bezug auf ihre Tradition wie auch das zahlenmäßige Engagement von Ehrenamtlichen eine herausragende Rolle spielt. Das ehrenamtliche Engagement in der Kirche wird in erster Linie theologisch aber darüber hinaus auch gesellschafts- und berufspolitisch begründet. Neben dieser Besonderheit der Debatte in dem Handlungsfeld der Kirche hat die Diskussion über das Zusammenspiel von Haupt- und Ehrenamt aber auch eine handlungsfeldüberschreitende Bedeutung, die für andere soziale Felder richtungsweisend sein kann. Die Metaphern des Buchtitels weisen darauf hin: Das Zusammenspiel von Haupt- und Ehrenamt kann dramatische Züge annehmen, wenn es zu wechselseitiger Überforderung und Enttäuschung kommt und es kann zu einem Spiel degenerieren, in dem Machtgebärden ein konstruktives Miteinander gefährden. Es kann aber auch – trotz nicht zu unterschätzender Paradoxien – in der Harmonie einer Symphonie ihre Gestalt finden, woran Ehrenamtliche wie Hauptamtliche gleichermaßen interessiert sein sollten.

Das Buch vermittelt ein Bild davon, wo das Ehrenamt in der Kirche aktuell steht und was die gegenwärtigen und was die zukunftsgerichteten Bedingungen für ein gelingendes Zusammenspiel von Haupt- und Ehrenamt sind. Es will zum „Nachdenken“ zum „Querdenken“ und zum „Diskutieren“ anregen und damit Impulse in den kirchlichen und den gesellschaftlichen Raum senden.

Herausgeberinnen und Autoren/Autorinnen

Die Herausgeberinnen des Buches kommen beide aus dem kirchlichen Kontext und sind als Expertinnen ausgewiesen. *Cornelia Coenen-Marx* war bis 2015 als Oberkirchenrätin in der EKD für das Ehrenamt zuständig und ist nun Inhaberin der Agentur „Seele und Sorge“ mit einem Schwerpunkt in der Begleitung von Ehrenamtsprojekten. *Beate Hofmann* ist Praktische Theologin und Professorin für Diakoniewissenschaft und Diakoniemanagement an der Kirchlichen Hochschule Wuppertal/Bethel. Sie hat an verschiedenen Studien zum Thema Ehrenamt in der Kirche mitgewirkt. Neben den Herausgeberinnen liefern 28 Autorinnen und Autoren 25 Eigenbeiträge. Die Biogramme dazu sind am Ende des Buches eingestellt.

Entstehungshintergrund

In der Evangelischen Kirche in Deutschland gibt es auf der Ebene der EKD, in den verschiedenen Landeskirchen und auf Gemeindeebene seit längerer Zeit eine Diskussion über den Wandel des Ehrenamtes und über neue Formen der Zusammenarbeit von Haupt- und Ehrenamtlichen. So haben beispielsweise die Evangelischen Kirchen in Bayern sowie in Hessen und Nassau schon vor längerer Zeit ein eigenes Ehrenamtsgesetz verabschiedet, das die Unterstützung und Begleitung der Ehrenamtlichen verbessern soll. Die EKD-Synode hat 2009 in einer Erklärung die generelle Bedeutung des Ehrenamtes für die Kirche hervorgehoben. 2012 führte das Sozialwissenschaftliche Institut der Kirche (SI) eine repräsentative Erhebung zum ehrenamtlichen Engagement in Kirchengemeinden durch. Der vorliegende Band knüpft an diesen Entwicklungen und Debatten an, sortiert sie, ordnet sie ein und gibt Anstöße für strukturelle Veränderungen. Er geht damit weit über einen individuellen Blick auf das Thema hinaus und spiegelt den institutionellen Diskurs der Kirche auf das Thema wider.

Aufbau

Das Buch vereint 25 Beiträge unterschiedlicher Autoren und Autorinnen zum Zusammenspiel von Haupt- und Ehrenamt in der Kirche aus unterschiedlichen Perspektiven. Dies mag auf den ersten Blick verwirrend erscheinen. Dank einer hervorragenden Dramaturgie der Herausgeberinnen verliert der Leser oder die Leserin aber zu keiner Zeit die Orientierung.

Ein **Prolog** eröffnet den Band. Darin wird das Thema in seinen Bezügen vorgestellt, theoretisch verortet und die Intentionen des Buches dargelegt. Anschließend werden die einzelnen Beiträge in drei grundlegende Themenbereiche gegliedert.

In einem **ersten Themenbereich** werden Analysen zur Veränderung im Zusammenspiel von Haupt- und Ehrenamt in der Kirche vorgestellt. Die binnenkirchliche Perspektive ist hier tragend.

In dem **zweiten Themenbereich** erfolgen Seitenblick von außen auf das kirchliche Ehrenamt. Die gesellschaftspolitische Perspektive steht hier im Vordergrund.

Der **dritte Themenbereich** ist der Suche nach Lösungen für ein künftiges Zusammenspiel von Haupt- und Ehrenamt in der Kirche gewidmet.

In einem **Epilog** werden nächste Schritte und offene Fragen angesprochen.

Inhalte

In dem **ersten Themenbereich** werden zunächst verschiedene Studien über das Ehrenamt in der Kirche vorgestellt und diskutiert. Dabei wird deutlich, wo die Stärken des kirchlichen Ehrenamts liegen, wie vielfältig die Tätigkeitsfelder des Ehrenamtes sind aber auch, wo bisher ungenutzte Potentiale des ehrenamtlichen Engagements liegen. Die Beiträge zeigen, dass der Wandel des Ehrenamtes auch in der Kirche angekommen ist. Dies wird u.a. in einer Pluralisierung der Motive des ehrenamtlichen Engagements mit kirchlicher Ausprägung sichtbar. Der Wandel tangiert aber auch das Rollenverständnis von Haupt- und Ehrenamtlichen sowie die Formen der Unterstützung, Förderung und Weiterentwicklung des kirchlichen Ehrenamtes. Neue Formen der Unterstützung und Begleitung werden in einem Modell der systematischen Ehrenamtsförderung in Württemberg deutlich, zeigen sich aber auch in Erfahrungen mit ausgebildeten Ehrenamtsmanagern und Ehrenamtsmanagerinnen. In einem weiteren

Beitrag wird danach gefragt, welche Kompetenzen Hauptamtliche benötigen, um Ehrenamtliche als ehrenamtliche Seelsorger und Seelsorgerinnen zu qualifizieren. In einem grundsätzliche Beitrag wird die Engagementpolitik der Kirche im Kontext gesellschaftlicher und politischer Entwicklungen untersucht und daraus ein Paradigmenwechsel im Umgang mit dem Ehrenamt in der Kirche begründet. Schließlich runden drei kurze Beiträge zu den Themen Engagement älterer Menschen, zur Inklusion im Ehrenamt und zur Flüchtlingsarbeit den ersten Themenbereich ab.

In dem **zweiten Themenbereich** wird der Blick über den kirchlichen Tellerrand gewagt. Die Hintergrundfolie dazu bilden gesellschaftliche Strukturveränderungen, die mit Begriffen wie Individualisierung, Pluralisierung, Ökonomisierung und demografischer Wandel beschrieben werden. Die aktuelle sozialpolitische Debatte hat als eine Antwort auf den Strukturwandel das Konzept der „Sorgenden Gemeinschaften" (neu) entdeckt. Dieses Konzept rückt den Begriff der „Mitverantwortung" (*Hannah Arendt*) verbunden mit dem Gedanken der sozialräumlichen Nähe stärker in den Mittelpunkt und ist in Teilen auch auf Kirchengemeinden übertragbar. Allerdings ist dabei zu beachten, dass diese Art des zivilgesellschaftlichen Engagements nicht ohne eine hauptamtliche Struktur auskommt. Spannend ist auch der Blick auf die Schnittstelle zwischen bürgerschaftlichem und kirchlichem Engagement, der die Verantwortung der Kirche als zivilgesellschaftlicher Akteur unterstreicht. Wie sieht es aber mit der ökumenischen Zusammenarbeit aus? Auch hier werden gemeinsame Interessen und strukturelle Unterschiede ausgelotet. Schließlich erfolgt noch ein Blick auf das Milizsystem der Schweiz, das nicht nur bzgl. der allgemeinen Wehrpflicht dort eine Rolle spielt, sondern auch für die Schweizer Bürgergesellschaft insgesamt bedeutsam ist.

Nach diesem umfassenden Blick auf die Innen- und Außenperspektive wird in einem **dritten Themenbereich** danach gefragt, wie das Zusammenspiel von Haupt- und Ehrenamt in der Kirche „symphonischer" gestaltet werden kann. Im Mittelpunkt der Beiträge stehen zwei zentrale Themen: „Die Frage nach dem Verständnis von Rollen und Aufgaben im Miteinander von Haupt- und Ehrenamt und die Diskussion um angemessene Anerkennungsformen." (154) In einigen Beiträgen werden grundsätzliche ekklesiologische Fragestellungen über das Grundverständnis von Kirche diskutiert. So finden sich im dritten Themenbereich Beiträge zum Zusammenspiel von Ämtern, Diensten und Engagierten, darüber hinaus Reflexionen zur gemeinsamen Leitung der Kirche im Zusammenspiel von Haupt- und Ehrenamt und schließlich organisations- bzw. institutionstheoretische Betrachtungen, die unterschiedliche Ansprüche und Erwartungen von Beteiligten deutlich machen. Auch das Thema Anerkennungskultur ist mit sozialphilosophischen Überlegungen vertreten. Darüber hinaus findet man Beispiele für erfolgreiche Praxismodelle und die Reflexion von Erfahrungen mit neuen Formen des Zusammenspiels von Haupt- und Ehrenamt.

Ein kurzer **Epilog** beschließt die Betrachtungen und formuliert nächste Schritte und offene Fragen.

Diskussion

Um meinen Gesamteindruck gleich vorweg zu nehmen: Den Herausgeberinnen gebührt große Anerkennung und Dank für dieses Buch. Dies bezieht sich zum einen auf den fundierten sozialwissenschaftlichen und theologischen Theoriehintergrund, der das ganze Buch durchzieht und als „versteckter roter Faden" die Dramaturgie und die Aussagekraft des Buches prägt. Man erkennt sehr deutlich, wie fest verankert und wie kompetent die Herausgeberinnen in den einschlägigen Diskursen sind. Gleiches wird aber auch in den Beiträgen der vielen Autoren und Autorinnen der Einzelkapitel deutlich. Diese Kompetenz wirkt positiv auf die fachliche Substanz des Buches.

Die Anerkennung bezieht sich aber auch auf die didaktische Gestaltung des Buches. Mit profunder Sachkenntnis führen die Herausgeberinnen in das Thema ein und strukturieren es. Jedem Themenbereich wird eine Einleitung vorangestellt, die bei der Einordnung des Themas hilft und einen Überblick zu den folgenden Beiträgen gibt. Dieses Engagement ist nicht selbstverständlich. Die Leser werden es aber danken.

Die große fachliche Bedeutung dieses Bandes sehe ich in seiner Wirkung auf einen offenen Diskurs in der Kirche über das Ehrenamt. Sicher, es gibt schon viele verheißungsvolle Ansätze und neue Modelle, manche strukturelle Änderungen sind auch auf den Weg gebracht. Das Buch aber bündelt diese Ansätze und ordnet sie in zukunftsweisende Theoriedebatten ein. Der Leser und die Leserin erhalten so einen differenzierten Blick auf die aktuelle Bühne des kirchlichen Ehrenamtes und bekommen Anstöße für eigene Reflexionen und Möglichkeiten des Querdenkens. Zu diesen Anstößen gehören innovative Entwicklungen im Ehrenamt gleichermaßen wie die Herausarbeitung von kirchlichen Eigenlogiken und Paradoxien des kirchlichen Handlungsfeldes. Mit ihrem Buch zeigen die Herausgeberinnen, wie weit der Wandel des Ehrenamtes in der Kirche schon vorangeschritten ist. Mögliche Konflikte und unterschiedliche Interessen werden damit aber nicht nivelliert.

Die innerkirchliche Wirkung ist die eine Seite, der Diskurs in den Fachdisziplinen eine andere. Auch hier liefert das Buch wichtige theoretische Impulse. Es steht damit auch als Beispiel für eine neue Qualität in dem Diskurs zum Ehrenamt. In dem vorliegenden Buch wird deutlich, wie neben den allgemeinen sozialwissenschaftlichen Strukturanalysen zunehmend auch spezifische Erkenntnisse aus theologischen, philosophischen, soziologischen und psychologischen Blickwinkeln gewinnbringend genutzt werden können.

Fazit

Den Herausgeberinnen und den Autoren und Autorinnen ist ein enorm spannendes und anregendes Werk gelungen. Das Buch macht allen Mut, die im Ehrenamt oder an den Schnittstellen tätig sind. Es zeigt aber auch realistisch, wie weit der gemeinsame Weg noch ist, um innerkirchliche Veränderungen nachhaltig zu verankern. Dem Buch wünsche ich eine weite Verbreitung und eine offene und konstruktive Auseinandersetzung mit den vielen Impulsen.

Tillmann Bendikowski: Helfen. Warum wir für andere da sind.

C. Bertelsmann (München) 2016. 350 Seiten. ISBN 978-3-570-10313-5.
D: 19,99 EUR, A: 20,60 EUR, CH: 26,90 sFr.

Thema

In den Köpfen vieler Menschen sind die Bilder aus dem Sommer 2015 immer noch präsent: Erschöpfte, aber hoffnungsvolle Menschen kamen nach einer langen Flucht in Deutschland an. Sie werden von hilfsbereiten Menschen empfangen. Erstaunlich viele Deutsche zeigten sich offen und wollten helfen. Diese Bereitschaft zur Hilfe zeichnet ein humanitäres Gegenbild zu den fremdenfeindlichen Aufmärschen und Reaktionen, die dieses Land auch prägen. *Tillmann Bendikowski* nimmt dieses Geschehen zum Anlass, um über „das Phänomen des Helfens in seinen individuellen und kulturellen Formen" (15) nachzudenken. Dazu zeichnet er aus einer kulturgeschichtlichen Perspektive die Grundlagen des menschlichen Helfens nach und lotet im zwischenmenschlichen Miteinander das Spannungsfeld von Altruismus und Egoismus aus. Er nimmt die Leser mit auf eine geistige Reise. Sie startet mit der Ikone der christlichen Nächstenliebe, dem barmherzigen Samariter, untersucht kurz die Wurzeln der verwandtschaftliche Hilfe in der Familie, zeichnet dann die Entstehung und Gegenwart des modernen Wohlfahrtstaats nach, um am Ende nach den Grenzen des Helfens zu fragen. Unterlegt wird diese Analyse mit philosophischen, psychologischen und sozialwissenschaftlichen Erkenntnissen und ergänzt durch die Wiedergabe von Gesprächen mit Helfern aus unterschiedlichen gesellschaftlichen Erfahrungsfeldern.

Autor

Dr. Tillmann Bendikowski ist Journalist und Historiker. 1999 hat er an der Ruhr-Universität Bochum bei *Prof. Hans Mommsen* promoviert. Im Anschluss daran gründete er die „Medienagentur Geschichte" in Hamburg, die er bis heute leitet. Er ist Autor zahlreicher Beiträge für Printmedien und Hörfunk. Außerdem wirkt er an der Realisierung von Forschungsprojekten und historischen Ausstellungen mit.

Entstehungshintergrund

Tillmann Bendikowski ist, das zeigt die Lektüre des Buches deutlich, an der Schnittstelle zwischen Geschichte und Gegenwartsgesellschaft interessiert.

Die Fragen und Widersprüche, die daraus für das Helfen als einer Grundform menschlicher Existenz entstehen, werden aus dieser Perspektive aufgearbeitet und einem interessierten Publikum nahe gebracht. In diesem Sinne ist sein Buch politisch. Er bezieht Stellung, arbeitet Grundelemente des Helfens heraus, beschreibt Aporien, gibt Anregungen zum Weiterdenken und fordert aber auch zum Diskurs und zum Widerspruch heraus.

Aufbau

Das Buch ist in **fünf Kapitel** gegliedert:

- Das humanitäre Sommermärchen mit den ehrenamtlichen Flüchtlingshelfern bildet den Auftakt der geistigen Reise.
- Daran schließt sich eine Betrachtung der Wurzeln menschlicher Hilfsbereitschaft an.
- Das Kontrastbild des Egoismus, der verweigerten Hilfe, zeichnet das Gegenstück zur altruistischen Hilfe.
- Mit den Strukturen von Hilfe in der Familie und im Sozialstaat wird der gesellschaftliche Rahmen gesetzt.
- Den Schluss bildet eine Betrachtung der Kritik und der Grenzen des Helfens.

Inhalte

Viele Menschen in Deutschland verknüpfen das Jahr 2015 mit intensiven Bildern, in deren Mittelpunkt von der Flucht gezeichnete und gestrandete Menschen stehen. Die Medien haben diese Bilder geschaffen und verstärkt. Im **ersten Kapitel** greift *Tillmann Bendikowski* diese Bilder auf und erinnert an die Rede Papst Franziskus im Jahr 2013 auf der italienischen Insel Lampedusa, in der dieser einen menschlichen Umgang mit den Flüchtlingen anmahnt und auf das Gleichnis des barmherzigen Samariters verweist. In dem Handeln der Helfer, die Flüchtlinge an Bahnhöfen begrüßen und für diese Hilfe organisieren, erkennt er das Motiv der christlichen Nächstenliebe wieder, das in Vergessenheit geraten schien. Eine nähere Analyse der Hilfe offenbart aber ein differenzierteres Bild. So wird gezeigt, dass nicht mehr nur ein Motiv der Hilfe – der Altruismus - vorherrschend ist. Vielfältige unterschiedlicher Motive sind inzwischen Antrieb für das Helfen. Aber auch die Helfer selbst sind in die Kritik geraten, wenn ihnen in der Öffentlichkeit Naivität und „Gutmenschentum" vorgeworfen wird.

Dieser erste Befund erfordert eine vertiefte Analyse der Grundlagen des menschlichen Helfens, auf die im **zweiten Kapitel** eingegangen wird. Zunächst werden dazu Formen des Helfens voneinander unterschieden und

Mitgefühl bzw. Empathie als ein zentrales Element altruistischen Handelns identifiziert. Eine philosophische Betrachtung des Mitleids fördert unterschiedliche Bezugspunkte dieses menschlichen Gefühls zu Tage und zeigt insbesondere dessen Widersprüchlichkeit. Das Fazit: Mitleid ist unverzichtbare Grundlage für das Helfen; Mitleid allein jedoch, ohne aktive Hilfe, führt leicht zu einer Entwürdigung der Hilfesuchenden.

Nach den Grundlagen des menschlichen Helfens erfolgt ein Streifzug durch die Geschichte des christlichen Helfens. Dieser reicht von der Hilfe in den christlichen Urgemeinden über Ikonen des Helfens wie Benedikt von Nursia, Franz von Assisi und Elisabeth von Thüringen bis in die Gründungsphase von Caritas und Diakonie. Mit der Aufklärung haben die christlichen Grundlagen des Helfens Konkurrenz bekommen. Der Humanismus als säkularisierte Form der christlichen Nächstenliebe bildet sich heraus und parallel dazu wird die Begründung für die Gewährung von Hilfe in eine neue Form des wirtschaftlichen Denkens und Handelns eingebunden. Der Begriff der Nützlichkeit wird zu einem zentralen Kriterium. Aktuell drückt sich dieses Denken in dem Begriff des „effektiven Altruismus" aus, der von dem australischen Philosophen *Peter Singer* geprägt wurde.

Dem Gegenspieler der altruistischen Hilfe, dem Egoismus, ist das **dritte Kapitel** gewidmet. Im Alltag wird Egoismus oft mit Verweigerung von Hilfe und mit einem Handeln, das nur an sich selbst orientiert ist, in Zusammenhang gebracht. Auch hier vermittelt ein Blick in die Geistesgeschichte ein differenziertes Bild. Dazu spannt *Tillmann Bendikowski* einen weiten Bogen von dem griechischen Philosophen Epikur, über Adam Smith bis in die Gegenwart. In der Moderne werden neben den ethischen Begründungen für menschliches Hilfehandeln nun auch die persönlichen Motive der Helfer hinterfragt. Damit wird mit der individuellen Freiheit der persönlichen Entscheidung („Will ich helfen oder will ich nicht helfen?") eine zusätzliche Ebene der Rechtfertigung und der Reflexion eingezogen. *Tillmann Bendikowski* führt dazu den Begriff des „empathischen Egoismus" von *Marisa Przyrembel* ein. Das Kapitel schließt mit einer Betrachtung der Gesundheitspolitik im Nationalsozialismus und der verordneten Solidarität in der DDR ab.

Im **vierten Kapitel** stehen Strukturen des Helfens im Mittelpunkt. Die traditionelle Form der Hilfe erfolgt innerhalb der Familie und Verwandtschaft. In der Familie werden Einstellungen und Formen der Hilfe sozialisiert. Dies geschieht so nachhaltig, dass bis heute die Hilfe in der

Familie für die meisten Menschen selbstverständlich ist. Besonders tritt dies bei der Pflege alter Menschen hervor. Allerdings hat der gesellschaftliche Wandel zur Folge, dass die Strukturen der Hilfe in der Familie selbst brüchig geworden sind. So bedarf die Familie immer häufiger Hilfe und Unterstützung von außen, um ihren Aufgaben gerecht zu werden. Ergänzend kommt hinzu, dass viele Formen der Hilfe von außerfamilialen Institutionen der Hilfe abgelöst bzw. ergänzt wurden. Die Tendenz zur Professionalisierung der Hilfe führt u.a. zur Entwicklung der Wohlfahrtsverbände und zur Entstehung des Wohlfahrtsstaates. Dies wird exemplarisch am Beispiel der Krankenhäuser und der staatlichen Sozialgesetzgebung aufgezeigt. In der Gegenwart, so *Tillmann Bendikowski,* befindet der Sozialstaat sich aber auf dem Rückzug und wird durch eine Kultur der Eigenverantwortung aufgeweicht.

Die geistige Reise durch die Wurzeln der menschlichen Hilfe wird im **fünften Kapitel** mit einer Geschichte der Kritik des Helfens abgeschlossen. *Tillmann Bendikowski* erinnert an den von *Wolfgang Schmidbauer* in den 70er Jahren des 20. Jahrhunderts geprägten Begriff des „Helfersyndroms". Damit geraten die verdeckten Motive der Helfer in den Fokus und in die Kritik. Ergänzt wird diese Betrachtung durch Überlegungen zur Asymmetrie der Hilfebeziehung, denn Hilfe bedeutet auch Macht und Herrschaft, die sich u.a. in dem doppelten Mandat der Sozialen Arbeit aber auch beispielsweise in den Entscheidungen der staatlichen Entwicklungspolitik niederschlagen. *Tillmann Bendikowski* formuliert als Fazit: Die Grenzen des Helfens sind nicht unveränderbar, sie werden sowohl individuell wie auch politisch durch die Freiheit der Entscheidung immer wieder neu gezogen. Damit liegt die Verantwortung für die Hilfeentscheidung in „unseren Händen" (306).

Diskussion

Tillmann Bendikowski nimmt seine Leser mit auf eine spannende geistige Reise. Er beschreibt die fundamentale Bedeutung des Helfens für das ethisch verantwortliche Miteinander der Menschen und dessen kulturgeschichtliche Veränderungen. Der Bogen wird allerdings weit, wenn nicht zu weit gespannt ist. Viele historische, sozialphilosophische und aktuelle Aspekte des Helfens werden angesprochen und in einen Zusammenhang gesetzt. Was dabei entsteht, ist allerdings kein in sich geschlossenes Bild einer Kulturgeschichte des Helfens, sondern eher ein Fleckenteppich heterogener Einzelaspekte des Helfens, die stellenweise in Widerspruch zueinander stehen. Dies hängt sehr eng mit dem Begriff des Helfens zusammen, auf den *Tillmann Bendikowski* Bezug nimmt. Helfen wird von ihm als eine Art

Universalkategorie zwischenmenschlichen Miteinanders begriffen. Darin eingeschlossen sind so unterschiedliche Formen wie die Nachbarschaftshilfe, die Hilfe in der Familie, die Flüchtlingshilfe, die barmherzige Hilfe, die pragmatische Hilfe, die Spende, der Bundesfreiwilligendienst, das Ehrenamt, die verbandliche Hilfe, die staatliche Hilfe und die Entwicklungshilfe. Bei einem so weiten Bogen bleiben die Bezüge notwendig allgemein, ohne die erforderlichen Unterschiede klar herauszuarbeiten. Es gibt in seinem Buch zwar immer wieder Angebote der begrifflichen Schärfung, die aber in der weiteren Anwendung auf aktuelle Phänomene des Helfens wieder verloren gehen. Auch beim Umgang mit dem Thema Helfersyndrom wird dies deutlich. Burn-out und Helfersyndrom werden schnell in einen Topf geworfen.

Tillmann Bendikowski hat eine politische Botschaft, die manchmal versteckt, dann wieder klar zu Tage tritt. Er will seinen Lesern verdeutlichen, wie wichtig Helfen für eine menschliche Gesellschaft ist, und dass der Einzelne, die Familie und der Sozialstaat hier gleichermaßen eine Verantwortung haben. Diese Botschaft ist anregend für einen öffentlichen Diskurs über Hilfe und Verantwortung. Dass er dabei den Sozialstaat aber nur auf dem Rückzug wahrnimmt und die umfassende aktuelle Debatte um bürgerschaftliches und freiwilliges Engagement nur punktuell streift, ist dann doch etwas zu verkürzt.

Fazit

Wer sich über kulturgeschichtliche Einzelaspekte des Helfens kundig machen will, der findet in dem Buch viele Anregungen. Aber auch die Leser, die mit dem Thema bereits vertraut sind, können in dem Buch die Vernetzung verschiedener Themenbezüge des Helfens entdecken. Das Buch regt an und inspiriert zum Weiterdenken. Das ist in einer Zeit, in der das Helfen vor großen gesellschaftlichen Herausforderungen steht, ein wichtiger Beitrag zu einer öffentlichen Debatte.

Stefan Meyer, Marcus Hecke: Curriculum - Aufbaukurs für ehrenamtliche Hospizbegleiter in der Behindertenhilfe.

der hospiz verlag Caro & Cie. oHG (Esslingen) 2017. 54 Seiten. ISBN 978-3-946527-06-0. D: 39,90 EUR, A: 41,00 EUR.

Thema

Der Mord an Menschen mit geistiger und/oder körperlicher Beeinträchtigung im Rahmen der Euthanasie-Programme der Nationalsozialisten hat dazu geführt, dass für einen langen Zeitraum nur noch wenige behinderte Menschen ein hochbetagtes Alter erreichten. Dies hat sich inzwischen geändert. Zunehmend rücken Sterben und Tod von hochbetagten Menschen mit geistigen und/oder körperlichen Einschränkungen in den Fokus von stationären Einrichtungen der Behindertenhilfe. Auf die Besonderheiten und speziellen Bedürfnisse dieser Gruppe von Menschen sind die ehrenamtlichen Hospizbegleiter jedoch nicht ausreichend vorbereitet. Mit speziellen Qualifikationsprogrammen soll diese Lücke nun geschlossen werden. Das vorliegende Curriculum stellt ein integratives Modell der Qualifizierung von ehrenamtlichen Hospizbegleitern dar, um hochbetagte Menschen mit einer Behinderung in der letzten Phase ihres Lebens einfühlsam und individuell angepasst begleiten zu können.

Autoren

Die beiden Autoren arbeiten beide an der Akademie für Hospizarbeit und Palliativmedizin Nürnberg. *Stefan Meyer* ist Diakon und hat zusätzlich den akademischen Grad Master of Advanced Studies (MAS) erworben. *Marcus Hecke* ist Diakon und Diplompflegepädagoge (FH). Er hat außerdem mit dem akademischen Grad Master of Science (M.Sc.) abgeschlossen.

Entstehungshintergrund

Das Curriculum wurde von einer Arbeitsgruppe erstellt. Fünf Mitglieder dieses Projektteams kommen aus der Behindertenhilfe, zwei aus der Hospizarbeit außerdem hat ein pädagogischer Mitarbeiter mitgewirkt. In das Curriculum fließen Erfahrungen aus dieser Arbeit sowie aus zwei durchgeführten und evaluierten Kursen ein. Das Projekt wurde durch die *Paula Kubitscheck-Vogel-Stiftung* (München) gefördert.

Aufbau

Neben einem **Vorwort** und der kurzen **Skizzierung der Ausgangslage** in der Behindertenhilfe bilden eine ausführliche **Einführung in das Curriculum** und die Darlegung von Aufbau und **Beschreibung der Lerneinheiten** den eigentlichen Inhalt des Ringbuches. In einem **Anhang** können die Rückmeldebögen zu den Kursen nachgelesen werden.

Inhalte

In der **Einführung** wird der Anspruch an das vorliegende Curriculum kurz entwickelt und die Zielsetzung dargelegt. Die Ziele der Weiterqualifizierung orientieren sich an allgemeinen Kernkompetenzen für Palliative Care, die von der Europäischen Gesellschaft für Palliative Care (EAPC) formuliert worden sind. Darüber hinaus wird das Verständnis zentraler Begriffe geklärt und in den organisatorischen Rahmen der Weiterqualifizierung eingeführt. Dazu werden Themen wie die nähere Bestimmung des Begriffes Lerneinheit, Anforderungen an die Hospitation zwischen den Theorieblöcken sowie erforderliche Qualifikationen für die Kursleitung kurz vorgestellt..

Den umfangreichsten Teil (Seite 18 – 42) bildet die **Beschreibung der neun Lerneinheiten**. Diese sind mit folgenden Titeln überschrieben.

- Gut beginnen
- Die Lebenswelt von Menschen mit Behinderung erfassen und verstehen
- „Das So-Sein"
- Mit Menschen mit Behinderung kommunizieren
- Hospitation
- Sich mit dem Leben beschäftigen
- Behinderungsarten kennenlernen
- Seelsorgerliche Begleitung von Menschen mit Behinderung
- Patientenverfügung einfach formulieren
- Rückmeldungen geben und sich verabschieden

In jeder Lerneinheit wird das Anforderungsprofil an die Dozenten formuliert, die Lerneinheit beschrieben, Handlungskompetenzen formuliert sowie Lernergebnisse und Lerninhalte dargelegt. Bei den meisten Lerneinheiten werden außerdem noch weiterführende Literaturhinweise gegeben. Raum für eigene Notizen der Kursteilnehmer ergänzen die Ausführungen.

Diskussion und Fazit

Das Curriculum für die Weiterqualifizierung ehrenamtlicher Hospizbegleiter ist eine professionell durchdachte Ergänzung bestehender Qualifikationsprogramme für Ehrenamtliche in diesem Handlungsfeld. Das Grundverständnis und die Anforderungen die darin formuliert werden, spiegeln den aktuellen Stand der Fachdiskussion wider. Das Curriculum will Ehrenamtliche darin qualifizieren, einfühlsam, ethisch reflektiert und kompetent behinderte Menschen in der letzten Phase ihres Lebens zu begleiten. Dazu werden zentrale Kompetenzen vermittelt und ausreichend Raum für eigene Reflexionen gegeben. Ein wichtiger Schritt ist damit getan, um eine Lücke in diesem Feld zu schließen.

Gina Mösken: Der (Eigen)Sinn frei-gemeinnütziger Tätigkeit. Eine Fallstudie zur Rekonstruktion individueller Sinnstrukturen frei-gemeinnützig Tätiger aus verschiedenen Engagementfeldern.

Pabst Science Publishers (Lengerich) 2017. 250 Seiten. ISBN 978-3-95853-274-8. D: 25,00 EUR, A: 25,80 EUR.

Thema

„Freiwilliges Engagement stiftet Sinn!" Dieser Aussage werden wohl viele Menschen, die mit dem Thema vertraut sind oder sich selbst freiwillig engagieren, zustimmen. Das was auf den ersten Blick eindeutig erscheint, ist auf den zweiten Blick nicht mehr so klar. Ist die Suche nach Sinn ein Antrieb für das frei-gemeinnützige Handeln oder stellt die Suche nach Sinn eine Zuschreibung dar, mit der Engagierte ex post ihr Handeln deuten und in die Welt einordnen? Im ersten Fall verschwimmen die Grenzen zwischen Motiv und Sinn. Sinn ist dann eine besondere Art von Motiv neben anderen und steuert die Richtung des Handelns. Im zweiten Fall geraten die persönlichen Deutungen („persönliche Konstrukte") in den Fokus, mit denen Individuen ihre Erfahrungen strukturieren und ihnen Bedeutung zuschreiben.

Der letztere Ansatz liegt der vorliegenden Fallstudie zugrunde. Vor dem Hintergrund eines erweiterten Arbeitsbegriffes untersucht *Gina Mösken* den subjektiven Sinn, den Engagierte ihrer frei-gemeinnütziger Tätigkeit zuschreiben. Dabei wird angenommen, dass das freiwillige Engagement Sinnstrukturen bereit hält, die in hohem Maße an die Art der Tätigkeit gebunden sind. Auf der Basis einer qualitativen Fallstudie werden sechs Sinnstrukturen frei-gemeinnütziger Tätigkeit rekonstruiert und theoretisch eingeordnet.

Autorin

Gina Mösken arbeite als Pädagogin bei der Deutschen Kinder- und Jugendstiftung (DKJS) Regionalstelle Sachsen-Anhalt.

Entstehungshintergrund

Die vorliegende Studie wurde von der Fakultät Humanwissenschaften der Otto-von Guericke-Universität Magdeburg im Jahr 2016 als Dissertation zur Erlangung des akademischen Grades eines Doktors der Philosophie angenommen. Sie entstand im Promotionsstudiengang „Qualitative Bildungs- und Sozialforschung". Die Fallstudie baut auf dem Forschungsprojekt „Gute Arbeit" auf, das im Rahmen einer Kooperation der Otto-von-Guericke-Universität Magdeburg und der ETH Zürich unter dem Titel „Die Erhebung der subjektiven Bedeutung verschiedener Formen von Arbeitstätigkeit für frei-gemeinnützig Tätige" durchgeführt wurde.

Aufbau

Die Studie ist, neben der Einleitung in **Kapitel 1**, in folgende Themenschwerpunkte gegliedert:

- Zunächst wird die Fallstudie in das o.g. Forschungsprojekt „Gute Arbeit" eingebunden. **(Kapitel 2)**
- Danach erfolgen eine theoretische Auseinandersetzung mit dem Arbeitsbegriff und die Charakterisierung der freigemeinnützigen Tätigkeit als „Gute Arbeit". **(Kapitel 3 und 4)**
- Im **Kapitel 5** steht die theoretische Auseinandersetzung mit dem Sinnbegriff im Fokus.
- Die **Kapitel 6 bis 8** sind methodischen und methodologischen Fragen gewidmet.
- In dem umfangreichen **9. Kapitel** werden die Ergebnisse der Fallstudie vorgestellt.
- In den **Kapiteln 10 und 11** werden die Ergebnisse der Fallstudie im Rahmen der theoretischen Annahmen interpretiert.

Inhalte

Die Anregung für die Fallstudie entstand im **Rahmen** eines Forschungsprojekts, dessen Ziel es war, die „subjektive Bedeutung verschiedener Formen von Arbeitstätigkeit für frei-gemeinnützig Tätige" zu erheben. Den Referenzrahmen dazu bildete die Frage, wie sich „Gute Arbeit" aus der subjektiven Perspektive sowohl freiwillig als auch in Erwerbsarbeit tätiger Menschen beantworten lässt. Die hier gewonnenen Daten verdeutlichten, dass frei-gemeinnützige Tätigkeit eigene Sinnstrukturen bereit hält, die eng an dieses Handlungsfeld gebunden sind. Den subjektiven Sinn frei-gemeinnützig Tätiger zu erfassen, war deshalb das Ziel der Fallstudie.

Die frei-gemeinnützige Tätigkeit wird in der Studie zunächst in den Kontext von Arbeit gestellt. Dazu werden verschiedene **Theorien aus der**

Arbeitsforschung diskutiert. Diese reichen von *Alfred Schütz* („Tätigkeit als Alltagshandeln") über *Hannah Arendt* („das Arbeiten, das Herstellen und das Handeln als menschliche Grundtätigkeiten") bis zu *Karl Marx* („Arbeit als Aneignung von Natur"), *Gerd-Günter Voß* („Stufenmodell der Regulation von Tätigkeiten") und *Fritz Schütze* („interpretativ-soziologischer Arbeitsbegriff"). Das Ergebnis dieser Überlegungen bildet ein „erweiterter Arbeitsbegriff", der die frei-gemeinnützige Tätigkeit mit einschließt.

Neben anderen Indikatoren bildet das **Konstrukt „Sinn"** eine Dimension „Guter Arbeit". In einem ausgewählten Überblick über soziologische und psychologische Sinn-Theorien wird das der Fallstudie zugrunde gelegte Verständnis von Sinn entwickelt. Dabei wird die Forschungslücke zwischen der bisherigen Sinnforschung und dem in der Fallstudie gewählten Ansatz herausgearbeitet. Sinnstiftung entspricht in der Fallstudie nicht einem individuellen Motiv, sondern einem Motivbündel, das aber nur im Zusammenhang mit der spezifischen Tätigkeit, in der das Handeln stattfindet, verstanden werden kann. Bisherige Studien zur Engagementforschung erfassen diesen spezifischen Zugang zum Thema Sinn allerdings nicht ausreichend. Mit der Fallstudie soll diese Lücke geschlossen werden und die subjektive Sinngenerierung unter Verwendung weiterentwickelter qualitativer Methoden empirischer Sozialforschung („narrative Gridinterview") rekonstruiert werden.

Da es ein Ziel der Fallstudie ist, das **narrative Gridinterview** als Methode der qualitativen Sozialforschung einzuordnen und weiter zu entwickeln, werden Grundlagen qualitativer Sozialforschung einerseits und Weiterentwicklungen in Bezug auf Erhebungsmethode und Auswertungsstrategie andererseits begründet sowie ausführlich und konkret dargestellt. Die methodische Vorgehensweise kann so differenziert nachvollzogen werden. Charakteristisch für diese Vorgehensweise ist, dass erzähltheoretische Reflexionen, die sich in subjektiven Orientierungsmustern und Handlungskonzepten zeigen, mit eigentheoretischen Reflexionen auf den Forschungsgegenstand, die in persönlichen Konstrukten zum Ausdruck kommen, zusammengeführt werden. Abschließend wird die Auswahl der zu interpretierenden Interviews aus dem Datenpool des Forschungsprojektes „Gute Arbeit" begründet und dargelegt.

Den ausführlichsten Teil des Buches bildet die Vorstellung der **Ergebnisse der Fallstudie** (Seite 89 bis 212). Dafür stehen 14 Interviews bzw. 15 Fälle zur

Verfügung, die anhand eines gemeinsamen Rasters strukturiert werden. Dieses Raster beinhaltet

- eine Rahmung der Falldarstellung durch eine kurze Beschreibung der Lebens- und Erwerbssituation,
- die strukturierte Auswahl und Wiedergabe der erzähltheoretischen Teile der Interviews, in denen subjektive Orientierungsmuster und Handlungskonzepte zum Ausdruck kommen,
- die eigentheoretischen Reflexionen der Interviewpartner, die grafisch zu einem subjektiven Modell verdichtet werden sowie
- jeweils eine abschießende tabellarische Darstellung der zentralen Ergebnisse.

Gina Mösken hat in den Interviews **sechs subjektive Sinnstrukturen** frei-gemeinnütziger Tätigkeit rekonstruiert, die grundlegende Orientierungsmuster und Motivbündel repräsentieren:

- Zugehörigkeit
- Grenzgänger
- Glück
- Statuspassage Engagement
- Engagement als Tätigsein an sich
- Instrumentelles Engagement

Die genannten sechs Sinnstrukturen sind trennscharf und umfassen den jeweiligen Eigensinn der frei-gemeinnützigen Tätigkeit.

In einem abschließenden Teil werden die Erkenntnisse der einzelnen Fallstudien in Bezug auf die **theoretische und forschungsbezogene Anschlussfähigkeit** systematisch aufeinander bezogen. Bei der Dimension „Subjektbezug und Integration" zeigen sich Ähnlichkeiten bei den Sinnstrukturen Zugehörigkeit, Glück und Tätigsein. Bei der Dimension „Objektbezug und Individualisierung" liegen diese bei Grenzgänger, Statuspassage und instrumentelles Engagement. Insbesondere in der Sinnstruktur Tätigsein spiegelt sich ein „moderner Engagement-Typ" wider, der mit dem enormen Beschleunigungs- und Individualisierungsschub unserer Gesellschaft korrespondiert und seinen Ausdruck in dem Konstrukt der „situativen Identität" (*Hartmut Rosa, 2013*) findet.

In Bezug auf den Begriff der Arbeit bestätigt die Studie, dass frei-gemeinnützige Tätigkeit aus subjektiver Sicht der Engagierten weder eindeutig der Arbeit noch der Nicht-Arbeit zuzuordnen ist. Ebenso kann die

Annahme, dass die subjektiven Orientierungsmuster und Handlungskonzepte nicht auf ein bestimmtes, übergeordnetes Motiv, sondern auf vielfältige Motivbündel verweisen, als bestätigt angesehen werden.

Diskussion

Auffällig in der Diskussion zum Ehrenamt und freiwilligem Engagement ist, dass in jüngster Zeit vermehrt qualitative Studien Eingang in die Sozialforschung finden (u.a.: *Giesmann, Christine 2016; Kubisch, Sonja & Störkle, Mario 2016*). Die vorliegende Studie gehört ebenfalls zu dieser methodischen Zugangsweise, geht aber sowohl inhaltlich wie methodisch einen eigenen Weg. Sie knüpft an der psychologischen Arbeitsforschung an. Damit kommt ins Blickfeld, wie Menschen das „Tätigsein", als eine besondere Form des Handelns, in ihrer persönlichen Perspektive wahrnehmen und interpretieren und darüber ihre eigenen sozialen Wirklichkeiten schaffen.

Die in Forschungen häufig erkennbare Grenzziehung zwischen Arbeit und Freizeit bzw. Arbeit und freiwilligem Engagement werden damit fließend. Die Studie von *Gina Mösken* zeigt klar, dass die subjektiven Orientierungsmuster bzgl. der frei-gemeinnützigen Tätigkeit an einem individuellen Ideal ausgerichtet sind, das zwar nicht frei ist von Bezügen zur Arbeitswelt darüber hinaus aber eigene Alltagserfahrungen und subjektive Reflexionsmuster als Grundlage einer eigenständigen Interpretation in Ansatz bringt. Dieser Zugang ist auch deshalb sehr interessant, weil in einer Zeit des raschen gesellschaftlichen Strukturwandels die Entgrenzung von Arbeit eine wachsende Herausforderung bedeutet. In diesem Sinne kann die Forschung über die Rekonstruktion individueller Sinnstrukturen frei-gemeinnütziger Tätigkeit Impulse für die Diskussion über die Zukunft der Arbeit geben.

Im positiven Sinne ist der Studie anzumerken, dass ihr spezifischer Zugang dem Diskurs eines breit angelegten Forschungsprojektes entsprungen ist. *Gina Möskens* Fallstudie hebt sich damit wohltuend von manchen pragmatisch ausgerichteten Studien zum freiwilligen Engagement ab, die zwar eine Vielfalt an quantitativen Daten liefern, deren theoretische Einordnung aber oftmals zu kurz greift. Dies kommt auch in dem Teil der Arbeit zum Ausdruck, der sich mit Theorie und Forschung zum Thema Sinn beschäftigt. Zugegeben, Sinnforschung ist ein komplexes und weites Feld.

Zentrale Zugänge und aktuelle Erkenntnisse werden aber angemessen erfasst und für die eigene Arbeit gewinnbringend eingesetzt.

Hervorzuheben ist auch das hohe Innovationspotenzial, das in dem methodischen Zugang zum Forschungsgegenstand besteht. Das narrative Gridinterview stellt eine interessante Bereicherung der qualitativen Sozialforschung dar, das gerade in der Triangulation von erzähltheoretischen und eigenreflexionstheoretischen Perspektiven interessante Ergebnisse liefert.

Fazit

Mit der vorliegenden Fallstudie ist *Gina Mösken* ein eigenständiger und für die Fachdebatte sehr anregender Diskussionsbeitrag gelungen. Ihre Erkenntnisse können Grundlage weiterer Forschungen im Bereich der Rekonstruktion subjektiver Orientierungsmuster des freiwilligen Engagements einerseits und der Forschung im Bereich der Subjektivierung von Arbeit andererseits sein. Darüber hinaus liefern ihre detaillierten Ausführungen zu dem narrativen Gridinterview anregende Hinweise für dessen Einsatz und Weiterentwicklung. Das Buch richtet sich in erster Linie an die scientific community, gibt aber auch wissenschaftlich Interessierten aus dem Feld der frei-gemeinnützigen Tätigkeit interessante Anregungen.

Organisation, Management und Führung

Stefan Busse, Roland Becker-Lenz, Gudrun Ehlert, Silke Müller-Hermann (Hrsg.): Professionalität und Organisation.

Springer VS Verlag für Sozialwissenschaften (Wiesbaden) 2016. 259 Seiten. ISBN 978-3-658-07333-6. D: 29,99 EUR, A: 30,83 EUR, CH: 37,50 sFr.

Thema

Die Soziale Arbeit wurde in der Professionalisierungsdebatte der 80er und 90er Jahre des zwanzigsten Jahrhunderts als Semiprofession bezeichnet. Diese Charakterisierung baute auf dem Ideal eines „doppelten Autonomiegebots" auf, dem die beiden Akteure einer helfenden Beziehung - Klient und Profi - entsprechen sollten. Das doppelte Autonomiegebot brach sich jedoch an den Zwängen einer bürokratischen Handlungslogik. Die der Debatte zugrunde liegende Gegenüberstellung von Autonomie und Bürokratie berücksichtigte allerdings nicht ausreichend, dass Organisationen keinesfalls geschlossene Systeme mit einer festgelegten Handlungsstruktur sind. Eine ergänzende handlungstheoretische Betrachtungsweise verdeutlicht, dass Organisationen aus teilautonomen Subsystemen bestehen, die lose aneinander gekoppelt sind. Die Handelnden in den Subsystemen konstruieren dabei ihren jeweils eigenen Sinn. An dieser Stelle setzen die Beiträge des vorgelegten Buches an, um die Freiräume professionellen Handelns in Organisationen auszuloten und neu zu vermessen. Die Herausgeber sehen dabei folgende erkenntnisleitende Fragen:

- Wie kann das Zustandekommen professionellen Handelns selbst als eine organisatorische Aufgabe und Herausforderung verstanden werden, bei der die Integration von Strukturen und Prozessen mitgedacht wird?
- Was kann getan werden, damit die Vermittlung paradoxer Handlungslogiken in Organisationen nicht nur als Aufgabe von Sozialarbeitern verstanden wird, sondern als eine der gesamten Organisation?
- Wie können Sinn- und Bedeutungszuschreibungen in der Organisationskultur rekonstruiert werden, um die Spannung von deklarierter und gelebter Professionalität zu entschlüsseln?

- Wie wird professionelles Handeln durch Klienten mit konstruiert, indem sie einerseits Hilfsangebote aufgreifen, zurückweisen und umdeuten bzw. andererseits diese als Co-Produzenten von personenbezogenen Dienstleistungen mit aushandeln?

Herausgeber

Der Band ist in der „Edition Professions- und Professionalisierungsforschung" erschienen, die ein Forum zur Verfügung stellt, um den Professionalitätsdiskurs in den Felder Sozialer Arbeit, Bildung, Erziehung und Gesundheit zu fundieren und weiter zu entwickeln. Die Herausgeber der Edition sind:

Dr. Roland Becker-Lenz ist Professor für Professionsforschung an der Hochschule für Soziale Arbeit der Fachhochschule Nordwestschweiz sowie Privatdozent am Institut für Soziologie der Universität Basel.

Dr. Stefan Busse ist Professor an der Fakultät Soziale Arbeit der Hochschule Mittweida.

Dr. Gudrun Ehlert ist Professorin für Sozialarbeitswissenschaft an der Fakultät Soziale Arbeit der Hochschule Mittweida.

Dr. Silke Müller-Hermann ist wissenschaftliche Mitarbeiterin an der Hochschule für Soziale Arbeit der Fachhochschule Nordwestschweiz.

Entstehungshintergrund

Die Beiträge des Buches entstammen einer Tagung des Arbeitskreises „Professionalität in der Sozialen Arbeit", die im Dezember 2012 an der TU Dresden stattgefunden hat.

Aufbau und Inhalte

In der *Einleitung durch die Herausgeber* wird das Thema theoretisch eingeordnet und eine inhaltliche Zusammenfassung der einzelnen Fachbeiträge gegeben. Die Fachbeiträge sind ohne thematische Zwischenüberschriften sortiert.

Mandy Falkenreck und *Annegret Wigger* gehen in dem ersten Fachbeitrag der Frage nach, wie in stationären Einrichtungen das Verhältnis von Professionalität und Organisation in die Konstruktion von Vergemeinschaftung eingebettet ist. Den theoretischen Bezugspunkt dazu bildet das Konzept der Figuration von *Norbert Elias* mit dessen Hilfe die Verflechtungen der Beteiligten in Bezug auf Macht, Zugehörigkeit und Intimität beschrieben werden. Auf der empirischen Ebene wird dieser theoretische Blickwinkel entlang von zwei Fallbeispielen herausgearbeitet. Dabei wird u.a. deutlich, dass sowohl bei den Jugendlichen wie auch bei den Professionellen typische „Wir-Ich-Balancen" konstruiert werden, die das Verhältnis von Professionalität und Organisation als eine spezifische Verflechtung von sozialen und strukturierten Figurationen bestimmen.

Nach *Gunther Graßhoff, Britta Buschmann* und *Stéphanie-Aline Yeshurun* lassen sich Organisationen als spezifische symbolische Ordnungen rekonstruieren, die den Gestaltungs- und Veränderungsmöglichkeiten der Akteure unterliegen. In der Analyse einer Jugendwohngruppe wird gezeigt, wie vor dem Hintergrund biographischer Verläufe symbolische Ordnungen (Organisationskulturen) konstruiert werden, die sich als handlungsmächtig im sozialen Miteinander von Jugendlichen und Professionellen erweisen. Darüber hinaus erweist sich das institutionalisierte System der Hilfe nicht als Gegenspieler von Professionalität, sondern als deren Voraussetzung.

Der Beitrag von *Andreas Hanses* knüpft an der theoretischen Perspektive der Verknüpfung von Organisation und Biographie an. Auf der Basis einer Studie zu den Sozialdiensten im Krankenhaus wird gezeigt, wie Organisation und Biographie in einem Spannungsverhältnis steht, das durch eine situative Rahmung (*Erving Goffman*) bestimmt wird. Das Spezifische von Professionalität bedeutet damit, dass sie in einem sozialen Rahmen erzeugt wird, sich sozialen Ordnungen unterzieht und eigene spezifische Praxen tradiert und damit die Passung von Organisation und Profession herstellt.

Auf der Basis der Sequenzanalyse eines Erstgesprächs zwischen einer Sozialarbeiterin und einer Klientin im Rahmen der Psychiatrie, reflektiert *Nina Wyssen-Kaufmann* den Bezug zwischen Professionalität Sozialer Arbeit und Organisation. Die theoretische Basis ist auch in ihrem Beitrag der Situationsbegriff von *Erving Goffman*. Auf dieser Grundlage werden Erkenntnisse über die institutionelle Wirksamkeit der Organisation im Erstgespräch erbracht und Organisation als Bedingung und Folge von Interkationen in der Analyse eines Erstgesprächs rekonstruiert. Abschließend werden Anregungen zur Ausbildung und zur Forschung gegeben.

Gaby Lenz und *Petra Richter* gehen der Frage nach, wie Organisationsmuster die Interaktion zwischen Patienten und medizinischem Personal prägen. Dazu wurden qualitative Interviews mit demenziell Frühbetroffenen geführt. Die Ergebnisse der Interviews zeigen, dass der hohe Standardisierungsgrad im Rahmen von Diagnoseverfahren die Subjektperspektive der Betroffenen nicht ausreichend berücksichtigt. So legen die Ergebnisse nahe, dass das Spannungsfeld zwischen subjektiven Patientenerwartungen und Organisationsroutinen nicht überbrückt werden kann.

Thomas Harmsen untersucht Familienzentren im Landesprogramm Nordrhein-Westfalen. Diese bieten bedarfsgerechte Angebote zur Förderung von Kindern im Bereich Bildung und Erziehung und unterstützen Eltern und Familien u.a. in dem Erziehungsprozess. Der Beitrag will klären, ob Familienzentren ein „Professionalisierungsschub" in der Kindheitspädagogik sind oder eine Form der „Pseudoprofessionalität". Der Autor kommt zu dem Schluss, dass Familienzentren die Merkmale einer weitergehenden Professionalität fehlen und plädiert für eine Unterscheidung zwischen Akademisierung der Kindheitspädagogik einerseits und Qualitätssicherung durch Gütesiegel andererseits.

Bernd Dewe und *Corinna Peter* machen in einem sehr grundlegenden Beitrag deutlich, wie aus einer theoretischen Perspektive die Dichotomie von Professionalität und Organisation überwunden werden kann. Dazu greifen sie auf Erkenntnisse der jüngeren US-amerikanischen Organisationsforschung (Neo-Institutionalismus) zurück. Mit diesem Blickwinkel kommen die Prozesse der gegenseitigen Verschränkung von internem Organisationswissen und externem Professionswissen klarer in den Wahrnehmungsfokus. Im Ergebnis zeigt sich, dass das Professionswissen sowohl dem wissenschaftlichen Wissen, dem praktischen Handlungswissen wie den organisationalen Wissensbeständen gegenüber verpflichtet ist. Diese theoretische Perspektive wird empirisch am Beispiel der Sozialpädagogischen Familienhilfe (SPFH) bestätigt, indem die Durchdringung der SPFH durch institutionalisierte Elemente aufgezeigt wird.

Der Beitrag von *Stefan Busse* und *Gudrun Ehlert* nimmt die Strukturebene von Organisation am Beispiel des Allgemeinen Sozialdienstes (ASD) in den Fokus. Die Diskussion, was die passende Organisationsform für den ASD ist, geht weit zurück. In jüngster Zeit hat das Hamburg Jugendamt eine neue Struktur der Ablauforganisation im ASD eingeführt. Erste Ergebnisse der Evaluation liegen vor, bedürfen aber weiterer Studien. Hier setzen die beiden Autoren mit einer Untersuchung des ASD im Leipziger Jugendamt an, um die Ergebnisse einer Organisationsentwicklung, deren Ziel die Optimierung der Ablauforganisation ist, zu evaluieren. Es werden dabei 3 Ebenen unterschieden (modellspezifische, modellflankierende und modellübergreifende Ebene), die jeweils als unterschiedliche Stellschrauben eines gelungenen professionellen Handelns identifiziert werden.

In dem posthum erschienenen Beitrag von *Burkhard Müller* zeigt dieser auf, dass professionelles Handeln Sozialer Arbeit vor allem im Modell eines Arbeitsbündnisses zwischen Sozialarbeiter und Klient gedacht wird. In einer kritischen Auseinandersetzung mit dem Konzept der stellvertretenden Deutung bzw. Krisenbewältigung (u.a. *Oevermann,Ulrich; Dewe, Bernd/Otto, Hans-Uwe*), sowie dem Konzept der administrativen und professionellen Steuerung (*Olk, Thomas*) werden deren Grenzen ausgelotet. Dem wird eine „weitgehend vergessene Fachtradition aus den USA der 1930er bis 1940er Jahre" (*Jessie Taft und Virginia Robinson*) gegenüber gestellt, welche die „professionelle Verantwortung für das Handeln als Institution" in den Mittelpunkt stellt. Diese wird nicht in der stellvertretenden Deutung der Lebens- und Bewältigungskrisen der Klienten gesehen, sondern in der „Deutung und Verarbeitung dessen, was in der Arbeitsbeziehung für Klienten" bedeutsam ist.

Den Widerstreit von bürokratischer Weisungslogik und Professionalität untersuchen *Peter Schallberger* und *Alfred Schwendener* am Beispiel der aktivierenden Arbeitsmarktpolitik in der Schweiz. Dem Aktivierungsparadigma liegt eine Logik des Forderns und Förderns zu Grunde. In der Analyse von gesetzlichen Rahmenbedingungen, Verordnungen und Weisungen von Regionalen Arbeitsvermittlungszentren in der Schweiz wird gezeigt, dass bürokratisch verfasste Organisationen nur schwer mit beratender Hilfeleistung in Einklang zu bringen sind. Sie kommen deshalb zu dem Schluss, dass eine Strategie des Forderns *und* Förderns eine „systematische Entkoppelung von helfenden und sanktionierenden Praktiken zwingend voraussetzt".

Die Distanz in Theorie und Praxis der Sozialen Arbeit zu den Fragen der organisatorischen Einbindung ist der Ausgangspunkt des Beitrags von *Armin Wöhrle.* Eine sozialpolitische Perspektive zeigt, dass professionelle Soziale Arbeit in Organisationen erbracht wird, diese wiederum müssen gesteuert wenn die geleistete Hilfe erfolgreich sein soll. Die Debatte um das Sozialmanagement hat diese Herausforderung aufgegriffen. Der Autor stellt in einer historischen wie theoretischen Perspektive die Entwicklung von Organisation und Management in der Sozialen Arbeit vor und formuliert Vorschläge für die Weiterentwicklung des Sozialmanagements. Danach soll das Sozialmanagement gegenüber der Profession Sozialer Arbeit eine

„dienende Funktion“ haben. So betrachtet stellt das Sozialmanagement eine Bereicherung für die Professionalität der Sozialen Arbeit dar.

Diskussion und Fazit

Die Debatte um die Professionalität Sozialer Arbeit hat den Organisationsbezug neu entdeckt. Die sich gegenseitig ausschließende Gegenüberstellung von Profession und Organisation, die auf dem Ideal einer autonomen Profession aufbaute, wird zunehmend kritisch gesehen. In den Fokus gerät damit die Frage, wie Organisation und Profession verknüpft sind, welche Wechselwirkungen vorliegen und wo mögliche Freiräume wirksam werden. Der vorliegende Sammelband liefert eine Bestandsaufnahme dieser Fachdiskussion und dokumentiert die Eckpunkte der aktuellen Theoriedebatte. Die Leser gewinnen so einen guten Überblick über den State of the Art der Professionsforschung aus der Perspektive des hermeneutisch-interpretativen Paradigmas und der qualitativen Sozialforschung. Diese Fokusierung lässt allerdings weitere wissenschaftstheoretische Paradigmen weitgehend außer Acht. Beispielhaft sei auf systemtheoretische Zugänge verwiesen, in deren Folge das Thema Umgang mit Komplexität in Organisationen neue Zugänge eröffnet. Ebenso findet die inzwischen breite Debatte um die Frage der Steuerung bzw. des Managements sozialer Organisationen lediglich in einem Beitrag explizit ihren Niederschlag. Damit wird deutlich, dass der von *Burkhard Müller* in seinem Beitrag formulierte Anspruch nach „professioneller Verantwortung für das Handeln als Institution“ als Fokus der Professionalisierungsdebatte noch nicht ausreichend umgesetzt ist.

Die Herausgeber haben den Anspruch, die Dichotomie von Professionalität und Organisation in der Professionalisierungsdebatte zu überwinden. Die Heterogenität der Beiträge spiegelt dies aber nur eingeschränkt wider. So finden sich Positionen, die an einer autonomen Professionslogik normativ festhalten neben Ansätzen, die theoretisch und empirisch die wechselseitige Konstitution von Organisation und Profession begründen. Dieses, zum Teil inkompatible Bild, gibt aber vermutlich die Widersprüchlichkeit der aktuellen Debatte angemessen wieder. Zusammenfassend kann festgehalten werden: Der Sammelband gibt wertvolle Anregungen für Theorie und Empirie der aktuellen Professionalisierungsforschung. Man kann gespannt sein, wie diese aufgegriffen und weiterentwickelt werden.

Regine Bendl, Edeltraud Hanappi-Egger, Roswitha Hofmann (Hrsg.): Diversität und Diversitätsmanagement.

Facultas Verlag (Wien) 2012. 366 Seiten. ISBN 978-3-8252-3519-2. D: 23,90 EUR, A: 24,60 EUR, CH: 36,50 sFr.

Thema

Vielfalt ist ein strukturelles Charakteristikum offener Gesellschaften. Sie durchdringt alle Lebensbereiche und findet ihren Niederschlag beispielsweise in einer Ausdifferenzierung von Lebensstilen, Ethnien, sexuellen Orientierungen und vielen anderen Aspekten. Als Antwort auf diesen gesellschaftlichen Strukturwandel sucht die Politik aber auch die Wirtschaft nach Strategien und Instrumenten, wie Vielfalt in verschiedenen Kontexten sinnvoll genutzt werden kann. Eine von vielen Initiativen stellt die „Charta der Vielfalt" dar, die 2006 von vier Wirtschaftskonzernen unter der Schirmherrschaft von Bundeskanzlerin Angelika Merkel gegründet wurde. Die Unterzeichner der Charta verpflichten sich, in ihrem Bereich ein Arbeitsumfeld zu schaffen, das frei von Vorurteilen ist und setzen sich u.a. für gegenseitigen Respekt und Wertschätzung in ihren Unternehmen ein.

Um Vielfalt produktiv zu nutzen, bedarf es eines gezielten Change Managements in Unternehmen. Hilfreich ist dabei ein differenziertes theoretisches und empirisches Wissen über den Gegenstandsbereich Diversität, um darauf aufbauend reflektierte und evaluierte Strategien eines Diversitätsmanagements in Unternehmen implementieren zu können. Die Herausgeberinnen des Buches setzen an diesem Punkt an. Sie stellen die erforderlichen sozialwissenschaftlichen Grundlagen zu dem Thema Diversität differenziert dar und diskutieren darauf aufbauend Strategien und Instrumente der Umsetzung eines Diversitätsmanagements in Unternehmen.

Herausgeberinnen

Prof. Dr. Regine Brendl ist Universitätsprofessorin für Gender and Diversity in Organizations an der Wirtschaftsuniversität (WU) Wien und Leiterin des Instituts für Gender und Diversität in Organisationen.
Prof. Dr. Edeltraud Hanappi-Egger ist Universitätsprofessorin für Gender and Diversity in Organizations an der Wirtschaftsuniversität (WU) Wien und seit 01.10. 2015 Rektorin der WU Wien.

Dr. Roswitha Hofmann ist Projektmitarbeiterin am Institut für Gender und Diversität in Organisationen sowie Lektorin am Institut für Soziologie der Wirtschaftsuniversität (WU) Wien zum Thema nachhaltige Organisationsentwicklung unter Diversitätsperspektive.

Neben den Herausgeberinnen, die jeweils auch mit eigenen Beiträgen vertreten sind, haben sechs weitere Autorinnen mit Beiträgen zu dem Sammelband beigetragen.

Entstehungshintergrund

Gesellschaftliche, politische und ökonomische Veränderungen haben dazu geführt, dass das Thema Diversität und Diversitätsmanagement in den letzten Jahren enorm an Bedeutung gewonnen hat. EntscheidungsträgerInnen in Organisationen, ForscherInnen, interessierte PraktikerInnen aber auch Studierende sind zunehmend mit dem Thema konfrontiert. Das Buch soll diesen Zielgruppen einen Überblick über das sozialwissenschaftliche und betriebswirtschaftliche Grundlagenwissen zu Diversität vermitteln sowie Eckpunkte und Konzepte eines Diversitätsmanagements vorstellen und reflektieren.
Die Beiträge des Buches sind in dem Diskurszusammenhang des Instituts für Gender und Diversität in Organisationen an der Wirtschaftsuniversität (WU) Wien entstanden und stellen eine vorläufige Zwischenbilanz der Forschungen am Institut bis zu dem Jahr 2012 dar.

Aufbau

Das Buch ist in elf Kapitel gegliedert. Nach der Einleitung in **Kapitel 1** werden in den

Kapiteln 2 bis 5 die sozialwissenschaftlichen und rechtlichen Grundlagen zu dem Thema Diversität vorgestellt und diskutiert. Das **Kapitel 6** bildet den link zu den folgenden Kapiteln und führt in den organisationstheoretischen Kontext ein. Die **Kapitel 7 bis 11** analysieren und reflektieren verschiedene Aspekte des Diversitätsmanagements. **Glossar** und **Index** schließen das Buch ab.

Inhalte

In der **Einleitung** werden die Zielsetzungen des Buches benannt, die Entstehungsgeschichte des US-amerikanisch und europäisch geprägten Diversitätsmanagements nachgezeichnet, die grundlegenden Positionen des eigenen Ansatzes formuliert und ein Überblick über die Inhalte der einzelnen Kapitel gegeben.

Kapitel 2 legt die theoretischen Grundlagen für einen reflexiven Umgang mit Diversitäten in Organisationen. Dazu werden die Begriffe „Diversität" und Diversitätsmanagement" geklärt, Erkenntnis-, Gesellschafts- und gegenstandsbezogene Theorien diskutiert und gezeigt, dass ein ausschließlich an Kosten-Nutzen Relationen interessierter Zugang zu kurz greift. Ein kritischer Zugang, der eine Weiterentwicklung des Themas in „Richtung einer zunehmenden organisationalen und gesellschaftlichen Inklusivität fördert" (S. 51) bedarf gesellschafts- und sozialwissenschaftlicher Theoriebezüge, deren Verknüpfungen in Bezug auf Diversitäten herausgearbeitet werden.

Kapitel 3 stellt die Konzepte „Intersektionalität" und „Stereotypisierung" und deren Ertrag für ein inklusives Diversitätsmanagement vor. Intersektionalität geht der Frage nach, wann und wie beispielsweise Diversitäten in sozialen Interaktionen und Organisationsprozessen bedeutsam werden und welche Wechselwirkungen dabei erkennbar sind. Stereotypisierung beschreibt kognitive Prozesse in deren Folge sozial geteiltes Wissen beispielsweise in Gruppen entsteht. Dieses Wissen wird als „typisch" in Bezug auf soziale Zuschreibungen verstanden und setzt sich aus individuellem und kulturell geteiltem Wissen zusammen. Um Stereotypisierungen kritisch zu reflektieren sind binäre Logiken im Denken und Handeln aufzubrechen.

Kapitel 4 betrachtet vertieft ausgewählte Diversitätsdimensionen. Dazu gehören Alter, Behinderung, Ethnizität, Geschlecht, Religion und sexuelle Orientierung. Alle diese Dimensionen werden jeweils begrifflich spezifiziert, deren theoretische Einbettung genauer analysiert und schließlich Ansatzpunkte für die Praxis eines Diversitätsmanagements erörtert. Dabei wird deutlich, dass Diversitätsdimensionen im Sinne eines inklusiven (siehe oben) Diversitätsmanagements nur dann genutzt werden können, wenn eine ganzheitliche und strategische Perspektive gewählt werden und der „Umgang damit auf struktureller und prozessualer Ebene einer Überprüfung" (S. 121) unterzogen wird. Eine tabellarische Übersicht über konkrete Beispiele eines Diversitätsmanagements zu ausgewählten Diversitätsdimensionen beschließt dieses Kapitel.

Kapitel 5 erörtert die rechtlichen Standards im Umgang mit Diversität am Beispiel der Antidiskriminierungsbestimmungen im österreichischen Gleichbehandlungsgesetz. Das 1979 in Kraft getretene Gesetz enthielt in der ursprünglichen Fassung ausschließlich Regelungen zur „Gleichbehandlung von Mann und Frau bei der Festsetzung des Entgelts“ (S. 139). Aufgrund EU-rechtlicher Vorgaben aus dem Jahr 2000 wurde das Gesetz zu einem Antidiskriminierungsgesetz weiter entwickelt. In dem Kapitel werden die aufgenommenen Merkmale für Antdiskriminierung dargelegt und die Regelungen in den einzelnen Abschnitten erörtert. Konkretisiert wird das Gesetz anhand von 27 Fällen, zu denen jeweils kurze Lösungen angegeben werden. Abschließend werden Anregungen für eine Weiterentwicklung des Gesetzes gegeben.

Kapitel 6 ist als Bindeglied zur Managementperspektive zu verstehen. Der Fokus wird dazu auf die organisationstheoretische Perspektive gelegt und die Rolle von Gender und Diversität in Organisationen analysiert. In einem ersten Durchgang wird aufgezeigt, dass die klassischen Organisationstheorien den Fokus auf Organisationen als Institutionen legen und Personen und deren Geschlechtlichkeit außen vor bleiben. Diese Geschlechtsblindheit der klassischen Organisationstheorien wird durch nachfolgende Organisationstheorien korrigiert. Deshalb werden in der Folge ausgewählte organisationstheoretische Konzepte zur Analyse von Gender- und Diversitätsprozessen vorgestellt und der Zusammenhang von Widerstand und Diversitätsmanagement thematisiert.

Kapitel 7 steht am Beginn der Analysen zum Diversitätsmanagement. Darunter wird in dem Buch ein strategischer Managementansatz verstanden. Dies bedeutet zum einen, dass Diversitätsmanagement mit der Gesamtstrategie eines Unternehmens abgestimmt sein sollte (um Wettbewerbsvorteile zu erzielen), zum anderen eng mit der Führungskultur zu verknüpfen ist. Dabei ist es erforderlich, dass sich die handelnden Akteure ihres jeweiligen Diversitätsverständnisses bewusst sind und dies kritisch reflektieren. Deshalb werden in diesem Abschnitt verschiedene Diversitätsverständnisse vorgestellt und Fragen der strategischen Implementierung eines Diversitätsmanagements diskutiert.

Kapitel 8 untersucht in einer vergleichenden Analyse das Verhältnis der Ansätze von Gender Mainstreaming und Chancengleichheitsprogrammen zu Diversitätsmanagement. Dabei zeigt sich, dass zwar in der Theoriediskussion der Kern der jeweiligen Ansätze erhalten geblieben ist, in der unternehmerischen Praxis die Grenzen aber nicht trennscharf sind. Ein Erfolg in der Umsetzung dieser Ansätze ist aber insbesondere dann gegeben, „wenn alle AkteurInnen an einem Strang ziehen" (S. 258) und betriebliche top-down Strategien und individuelle bottom-up Initiativen sich ergänzen.

Kapitel 9 legt den Fokus auf die Gruppenebene und erörtert die Bedeutung und die Möglichkeiten von Diversitätsmanagement in Teams. Teams haben eine vielfache Bedeutung in Organisationen. Sie spiegeln Organisationskulturen wider, werden als Instrumente der Organisationsentwicklung genutzt und sollen zur Steigerung von Effektivität und Leistung einen Beitrag leisten. Deshalb ist es folgerichtig, bei zunehmend heterogenen Zusammensetzungen von Teams die Fragen von Diversität und Diversitätsmanagement näher zu untersuchen. In dem Beitrag werden die sozialwissenschaftlichen Grundlagen zu Gruppen und Teams vorgestellt, ein Abriss zur Gruppen- und Teamforschung gegeben und abschließend Möglichkeiten der Teamentwicklung diskutiert.

Kapitel 10 untersucht betriebswirtschaftliche Fragen von Kosten-Nutzen zu Diversität und Diversitätsmanagement. Wie aber können Kosten- und Nutzenpotenziale messbar gemacht werden? Um diese Frage zu beantworten wird in das Konzept „Business Case" eingeführt und die Problematik der Messbarkeit von Kosten und Nutzen im Kontext von Diversität und Diversitätsmanagement erörtert. Darauf aufbauend „werden Konzepte und Studien diskutiert, die sich mit der ökonomischen Evaluierung von Dienstleistungsmanagement beschäftigen" (S. 299). Den Abschluss bilden Studien zum (Mehr-)Wert von Diversität.

Kapitel 11 greift abschließend die Entwicklungsperspektive von Organisationen auf. Ein Schwerpunkt wird dabei auf das Konzept der lernenden Organisation gelegt. Dazu wird in die organisationstheoretischen Grundlagen dieses Ansatzes eingeführt und nach den Rahmenbedingungen für diversitätsbezogenes organisationales und individuelles Lernen gefragt. Das Kapitel endet mit einer Darstellung von unterschiedlichen Wissens- und Kompetenzformen für ein inklusives Diversitätsmanagement.

Diskussion

Diversität gehört zu den boomenden Themen in Forschung und Praxis. Der Begriff selbst ist komplex und wird zum Teil normativ aufgeladen verwendet. Dies hat dazu geführt, dass gerade in den politischen und praxisbezogenen Debatten der Begriff unscharf geworden ist und sich parallel eine Vielzahl an Konnotationen entwickelten. Das Buch sehe ich deshalb als einen wichtigen Beitrag, um wieder Klarheit und theoretische Tiefe in die fachlichen Diskurse zu bekommen.

Den Autorinnen des Buches gelingt es sehr gut, die theoretischen Grundlagen und komplexen Verflechtungen des Gegenstandes deutlich zu machen. Dies wird insbesondere noch dadurch befördert, dass es den Autorinnen gelungen ist, ein in sich stringentes Verständnis von Diversität und Diversitätsmanagement in ihren Beiträgen zu Grunde zu legen und aufeinander abzustimmen. Es ist sehr gut erkennbar, dass die Beiträge aus einem längeren gemeinsamen Forschungs- und Diskurszusammenhang entstanden sind. Dieses aufeinander Abgestimmte der Beiträge ist bei Sammelbänden keineswegs selbstverständlich.

Den Autorinnen ist es ein besonderes Anliegen, eine reflexive und kritische Sicht auf ihren Gegenstandsbereich zu fördern. Dies gelingt ihnen in mehrfacher Hinsicht. So werden die theoretischen Grundlagen des Themas in ihrer Komplexität und Vernetztheit überzeugend herausgearbeitet, die erforderlichen Sichtweisen für eine gesellschaftskritische Perspektive entwickelt und schließlich die Eckpunkte von einem Diversitätsmanagement vorgestellt, das all diese Komponenten in sich integriert.

Neben den inhaltlichen Aspekten ist die Didaktik des Buches besonders hervorzuheben. Die Beiträge zeichnen sich alle durch einen klaren Aufbau und eine gut lesbare Sprache aus, ohne dadurch die inhaltliche Tiefe zu verlieren. Jedes Kapitel endet mit Kontrollfragen, die es leichter machen, das eigene Verständnis des gelesenen Kapitels für sich noch einmal zu rekapitulieren. Ein ausführliches Literaturverzeichnis gibt Anregungen für eine vertiefte Lektüre. Das Glossar gibt einen schnellen Überblick über zentrale Begriffe. Lediglich die intern aufeinander bezogenen Verweise zwischen den Kapiteln hätten differenzierter und präziser ausfallen können.

Fazit

Das vorliegende Buch liefert Grundlagen- und Überblickswissen zu dem Thema Diversität und dem darauf aufbauenden Diversitätsmanagement. Sozialwissenschaftliche, ökonomische und gesellschaftliche Theorien und Forschungsergebnisse werden vorgestellt und in Bezug auf ein inklusives Diversitätsmanagement miteinander verknüpft. Auch wenn seit Erscheinen des Buches viele neue Beiträge zu dem Thema veröffentlicht wurden, enthält es immer noch viele Anregungen für die aktuelle Theorie-, Forschungs- und

Praxisentwicklung. Deshalb ist es sowohl ForscherInnen, Studierenden, Führungskräften, Unternehmensleitungen und UnternehmensberaterInnen gleichermaßen zu empfehlen.

Caroline Richter: Vertrauen innerhalb von Organisationen. Ein soziologisches Modell.

transcript (Bielefeld) 2017. 286 Seiten. ISBN 978-3-8376-4116-5. D: 37,99 EUR, A: 39,10 EUR, CH: 46,40 sFr.

Thema

Vertrauen ist eine der zentralen Grundlagen menschlichen Miteinanders. Schon der schottische Philosoph und Aufklärer Thomas Reid (1710 - 1796) sprach davon, dass es ohne Vertrauen keine menschliche Gesellschaft geben kann. Auch in der Gegenwart ist das Thema Vertrauen in öffentlichen Debatten allgegenwärtig. Zum einen wird die Bedeutung von Vertrauen im zwischenmenschlichen und gesellschaftlichen Miteinander hervorgehoben und vom „Kitt der Gesellschaft" gesprochen. Zum anderen wird der Verlust von Vertrauen in vielen gesellschaftlichen Feldern beklagt. Dieser fände seinen Ausdruck beispielsweise im Misstrauen der Bürger gegenüber der Politik aber auch gegenüber Institutionen wie beispielsweise den Kirchen.

Wirtschaftliche Organisationen sind von dieser Entwicklung nicht ausgeschlossen. In der deutschsprachigen Managementliteratur hat das Thema Vertrauen längst Eingang in das Grundverständnis von Führung und Leadership gefunden und erlangt dort eine wachsende Bedeutung. Allerdings ist das komplexe Konstrukt Vertrauen in diesem Kontext bisher wenig theoretisch und empirisch untersucht. Diese Lücke will die Untersuchung von *Caroline Richter* partiell schließen. Ihr Ziel ist es, „die Spezifika der Dar- und Herstellung von Vertrauen [im Kontext von Organisationen - H.-J.P.] möglichst nuanciert offenzulegen und so zu einem organisationspezifischen Verständnis von Vertrauen beizutragen." (S. 18) Zentral ist die Frage, wie Vertrauen in Organisationen institutionalisiert wird. Als Scharnier zwischen Organisation und Mitarbeitern wird den Führungskräften eine strategische Filter- und Transformationsrolle zugeschrieben. Somit lassen sich aus den Konstrukten von Vertrauen und den Praktiken der Führungskräfte Rückschlüsse auf die spezifischen Vertrauensprozesse innerhalb von Organisationen ziehen.

Autorin

Caroline Richter forscht und lehrt am Institut für Arbeitswissenschaft und an der Fakultät für Sozialwissenschaft der Ruhr-Universität Bochum. Aktuell besetzt sie dort eine Juniorprofessur Qualitative Methoden der Sozialwissenschaft.

Entstehungshintergrund

Die Studie wurde 2017 als Dissertation an der Fakultät für Sozialwissenschaft der Ruhr-Universität Bochum eingereicht und mit summa cum laude bewertet. Sie ist eingebettet in ein Forschungs- und Entwicklungsprojekt zum Thema „Vertrauensmanagement in Unternehmen" am Lehrstuhl für Arbeitsgestaltung und Arbeitsorganisation der Ruhr-Universität Bochum. Die Daten der Studie stammen aus dem Teilprojekt „Vertrauensmanagement". Sie wurden für die vorliegende Untersuchung einer qualitativen Sekundäranalyse unterzogen.

Aufbau

Das Buch umfasst sieben Kapitel.

Nach einer Einführung in die Fragestellung und die Methodik werden die theoretischen Grundlagen von Vertrauen und Organisation aus soziologischer Sicht vorgestellt. Daran schließen sich Ausführungen zum methodischen Zugang (Grounded Theory) sowie Erläuterungen zur Datenbasis und dem analytischen Vorgehen an. In dem umfangsreichsten sechsten Kapitel werden die Ergebnisse der Untersuchung dargestellt. Fazit und Ausblick bilden den Abschluss der Studie.

Inhalte

In der **Einleitung** wird in das Thema der Untersuchung eingeführt, die Forschungslücke näher beschrieben, der Zugang zum Forschungsgegenstand begründet, Ziele und Fragestellung vorgestellt sowie der methodologische Zugang kurz umrissen.

Kapitel 2 untersucht den Forschungsgegenstand Vertrauen aus soziologischer Sicht. Nach einem Überblick über die Forschung zu Vertrauen, wird in ausgewählte soziologische Aspekte von Vertrauen eingeführt. Vertrauen wird als „relational-konstruktive Erwartung" und als „visionäre Strategie im Umgang mit Ungewissheit" beschrieben und von Misstrauen, Transparenz und Kontrolle abgegrenzt. An Hand der Vertrauenstheorien von *Niklas Luhmann, Anthony Giddens, Susan P. Shapiro und James S. Coleman* wird das Verhältnis von Person und System analysiert und der eigene, die Dualität von mikro- und makrosoziologischer Perspektive überwindende Zugang (unter Bezug auf die Akteur-Netzwerk-Theorie von *Bruno Latour*) begründet. Abschließend werden zehn für die Untersuchung relevante Aspekte von Vertrauen zusammengefasst.

Kapitel 3 greift den organisatorischen Kontext der Untersuchung auf und erläutert die zentralen Begriffe Organisation und Führungskraft. Anhand der Befunde zur Organisationsforschung werden die aktuellen Herausforderungen für Führungskräfte (z.B. Subjektivierung und Flexibilisierung von Arbeit) nachgezeichnet und gezeigt, dass Vertrauen in Organisationen einerseits die Ungewissheiten und Verletzbarkeiten sozialer Beziehungen betrifft, andererseits die „Architekturen" formaler und informaler Strukturen. Damit werden intraorganisatorische Gestaltungsspielräume von Vertrauen sichtbar, die das Verhältnis der Führungskräfte sowohl gegenüber Mitarbeitern aber auch gegenüber dem Topmanagement tangieren. Bedeutsam für die Untersuchung ist damit, wie Führungskräfte die Mikro- und Mesoebene miteinander verbinden und ihre Rolle in Bezug auf Vertrauen in unterschiedlichen Bezügen konstruieren.

Kapitel 4 erläutert die Forschungshaltung und das „Wie" - also die Methode - der Untersuchung. Für die Studie wurde eine „Semi-Sekundäranalyse" von bereits bestehenden Interviewtransskripten aus dem Teilprojekt Vertrauensmanagement in Unternehmen (siehe Abschnitt Entstehungshintergrund) gewählt. Die methodische Grundlage dafür bildet die Grounded Theory nach *Anselm L. Strauss* und *Anselm L. Strauss & Juliet M. Corbin*. Zunächst werden die theoretischen Wurzeln und die Methodologie der Grounded Theory beschrieben und danach die konkreten Verfahren der Datenanalyse. Abschließend werden konzeptionelle Fragen und praktische Besonderheiten wie beispielsweise Anonymisierung und Transkription konkret erläutert.

Kapitel 5 stellt die Datenbasis der Untersuchung mit Bezug auf das vorangegangene Forschungsprojekt sowie Kurzprofile der beteiligten Unternehmen und der ausgewählten Interviews vor. Schließlich werden der Prozess der Datenauswahl und die Analyse der Daten beschrieben.

Kapitel 6 liefert eine umfassende Darstellung der Forschungsergebnisse, die dann in einem theoretischen Modell der Institutionalisierung von Vertrauen verdichtet werden.

Die Ergebnisse zeigen, dass Vertrauen in Organisationen unter anderem im Kontext von Veränderungsprozessen eine hohe Relevanz zugeschrieben wird. Dabei wird in der Begründung auf außerorganisationale, d.h. private Analogien Bezug genommen. Dieser Zusammenhang spiegelt sich in der einschlägigen Managementliteratur so nicht wider.

Im Alltag wie auch im organisatorischen Kontext entfaltet Vertrauen seine Bedeutung vor allem im Rahmen von Interaktion und Kommunikation und dies geschieht sowohl in Bezug auf die Interaktionsgeschichte wie zugleich als Vorschuss auf künftige Interaktionen. Dabei ist zu beachten, dass im organisatorischen Kontext Interaktionen eine fachliche und eine persönlichen Dimension besitzen. Am Beispiel des Kodes „miteinander ein Bier trinken" wird gezeigt, wie persönliche und sachlogisch-instrumentelle Reflexivität in Beziehung zueinander stehen und in die Konstruktion von Vertrauen Eingang finden.

Eine zentrale Kategorie von Vertrauen in Organisationen ist das Steuern von Informationen. So dient beispielsweise die Herstellung von Vertrauen bei den Führungsinstrumenten „Feedback" und „Rolltreppengespräche" dazu, Informationen zu operationalisieren, das Miteinander der Mitarbeiter zu harmonisieren und diese auf das Organisationsziel auszurichten. Interpretationsspielräume über Informationen und deren ggf. destruktive Auswirkungen in Organisationen können durch das Steuern von Informationen reduziert werden.

Organisationen sind ein Feld unterschiedlicher Interessen und mikropolitischer Positionierungen. Vertrauen wird hier als ein „Schachspielen im Hintergrund" strategisch eingesetzt, um die Blockierung oder Weitergabe von vertraulichen Informationen zu legitimieren. So entstehen im sozialen Miteinander empirisch unterschiedliche Grade von Vertrauen, je nachdem wie vertrauenswürdig die jeweiligen Interaktionspartner eingeschätzt werden. Die virtuose Beherrschung dieses Spiels kann selbst wiederum als vertrauensbildend wahrgenommen werden.

Wie lassen sich die hier nur angedeuteten Ergebnisse in einem theoretischen Modell der Institutionalisierung von Vertrauen verdichten? *Caroline Richter* greift dazu auf das „paradigmatische Modell der Grounded Theory" (208 ff.) zurück. Es unterscheidet sechs Bestandteile:

- Die Kernkategorie bzw. das Phänomen (hier: Institutionalisierung von Vertrauen)
- Ursächliche Bedingungen für die Kernkategorie
- Intervenierende Bedingungen, die das Phänomen beeinflussen
- Kontext für spezifische Eigenschaften und Ausprägungen des Phänomens
- Strategien um Umgang mit dem Phänomen
- Konsequenzen, die sich aus den Strategien ergeben

Zu den ursächlichen Bedingungen gehören beispielsweise die fehlende Berechenbarkeit von Zukunft und die Relevanz von Vertrauen im Spannungsfeld von divergierenden Erwartungen.

Intervenierende Bedingungen werden über den Wirtschaftskontext, über situative Faktoren außerhalb der Organisation und Veränderungen innerhalb der Organisation erfasst.

Der Kontext erfasst u.a. die Wahrnehmung der eigenen Rolle sowie Spannungen auf der Ebene der Person und Organisation und in der Organisationshistorie.

Strategien zur Institutionalisierung von Vertrauen beinhalten u.a. das Gewähren, Genießen und Nutzen von Freiheiten, Praktiken von Trial & Error und mikropolitische Positionierungen.

Die Konsequenzen, die sich aus den Handlungs- und Interventionsstrategien ergeben und auf die Institutionalisierung von Vertrauen zurückwirken, werden in folgenden Strategien gebündelt: unterschiedliche Vertrauenstypen und unterschiedliche Regeltypen, Ein- und Ausschluss von Mitgliedern, Ex post-Charismatisierung von Verfahren sowie verschiedene Ausprägungen der Institutionalisierung von Vertrauen.

Kapitel 7 gibt ein Fazit der Studie und formuliert einen Ausblick in Bezug auf die künftige Bedeutung des Themas Vertrauen in der Soziologie, thematisiert die Generalisierbarkeit der Befunde und benennt künftige Forschungsbedarfe.

Diskussion

Das Themas Vertrauen hat in der öffentlichen Debatte verschiedene Bezüge: Es wird im Rahmen des gesellschaftlichen Wandels diskutiert, als eine Basis des zwischenmenschlichen Miteinanders im privaten und öffentlichen Raum hervorgehoben und als Vertrauensverlust im Verhältnis zwischen Bürger und Staat diagnostiziert. In der populären Management- und Führungsliteratur findet man das Thema Vertrauen ebenfalls wieder. Allerdings wird das Thema dort oft plakativ formuliert. Dieser oberflächliche Zugang steht im Gegensatz zu einem erforderlichen komplexen Verständnis des Gegenstandes. So ist es ein großes Verdienst von *Caroline Richter*, dass sie mit ihrer Studie eine Theorie- und Forschungslücke partiell geschlossen hat und dadurch Anregungen für ein vertieftes theoretisches aber auch praktisches Verständnis von Vertrauen im institutionellen Kontext gibt.

Caroline Richter verknüpft die Mikroebene (Vertrauen im Rahmen des persönlichen Miteinanders) mit der Mesoebene (funktional spezifisches Vertrauen institutionell vermittelter Interkationen). Dadurch gelingt es ihr, die Wechselwirkungen von institutionellen Rahmenbedingungen bzw. Vorgaben einerseits und den individuell persönlichen Spielräumen der Konstruktion von Vertrauen andererseits klar herauszuarbeiten. Gleichzeitig trägt sie mit diesem Forschungsansatz zu einer Erweiterung der soziologischen Theorien zum Konstrukt Vertrauen bei. Dies gilt auch für die managementbezogenen Führungstheorien, indem sie die Rolle von Führungskräften als Vermittlungsinstanz zwischen Organisation und Mitarbeitern theoretisch und empirisch untermauert.

Caroline Richter betritt mit der qualitativen Methode der Grounded Theory zwar kein methodologisches Neuland, sie wendet diese Methode aber sehr kompetent, kreativ und gewinnbringend in ihrer eigenen Studie an und entwickelt diese Methode dadurch weiter. Dies gilt sowohl für grundsätzliche methodologische Fragen wie auch in Bezug auf Fragen der praktischen Anwendung (z.B.: Anonymisierung von Sekundäranalysen und Arten der Transkription).

Die Forschungsergebnisse der Studie vermitteln einen sehr differenzierten Blick auf die komplexen Grundlagen und die Dynamik von Vertrauen im organisatorischen Kontext. Damit wird deutlich, dass die gerade in der populären Managementliteratur oft bekennerhaft formulierte Bedeutung von Vertrauen an etliche Voraussetzungen geknüpft ist. Diese naiv zu ignorieren oder das Thema Vertrauen instrumentell zu verkürzen tragen nicht dazu bei, die Herausforderungen moderner Organisationen erfolgreich zu bewältigen. In diesem Sinne ist die Studie auch ein Beitrag zur Immunisierung gegen Vereinfachungstendenzen. Dazu trägt auch die Integration der empirischen

Ergebnisse in ein theoretisches Modell der Institutionalisierung von Vertrauen bei. Dieses erschließt Zusammenhänge, die für Konzepte der Organisationsentwicklung und der Führung gleichermaßen anregend sind.

Schließlich ist das Buch didaktisch sehr ansprechend gestaltet. Trotz einer komplexen Argumentation und einer theoretischen bzw. methodologischen Tiefe ist das Buch sehr gut lesbar, wenn man sich auf den spezifischen Forschungsansatz einlässt. Der rote Faden der Argumentation wird immer wieder herausgearbeitet und dem Leser dadurch eine sehr gute Orientierung gegeben. Unterstrichen wird dies auch durch einzelne Zwischenfazite in den Kapiteln.

Fazit

Das Buch von *Caroline Richter* ist eine spannende und erkenntnisreiche Studie zu einem zentralen soziologischen Thema. Verblüffend ist immer wieder der Reichtum an Erkenntnis, der vor dem Leser oder der Leserin ausgebreitet wird. Dabei gelingt es *Caroline Richter* virtuos, die einzelnen Fäden der Argumentation miteinander zu verknüpfen. So entsteht vor dem inneren Auge des Lesers oder der Leserin ein komplexes Bild zum Gegenstand Institutionalisierung von Vertrauen. Dieses dürfte nicht nur der Soziologie neue Anregungen geben, sondern auch den Führungstheorien und den Konzepten der Organisationsentwicklung. Man darf gespannt sein, welche Folgestudien noch entstehen werden.

Hanna Weinbach, Thomas Coelen, Bernd Dollinger, Chantal Munsch, Albrecht Rohrmann (Hrsg.): Folgen sozialer Hilfen. Theoretische und empirische Zugänge.

Beltz Juventa (Weinheim und Basel) 2017. 240 Seiten. ISBN 978-3-7799-3656-5. D: 24,95 EUR, A: 25,60 EUR, CH: 34,60 sFr.

Thema

Der Sammelband greift zwei fachwissenschaftliche Diskurse auf. Zum einen die Debatte um Folgen bzw. Wirkungen Sozialer Arbeit, zum anderen dokumentiert er einen spezifischen subjektorientierten Zugang, der - etwas verkürzt - mit Adressatenorientierung beschrieben werden kann und seine Wurzeln u.a. in dem Konzept der Lebensweltorientierung hat. Wenn im Titel des Buches auf den Begriff „Folgen" rekuriert wird, dann geschieht dies bewusst in Abgrenzung zu den Implikationen einer klassischen „Wirkungsorientierung". Die klassische Wirkungsforschung in der Sozialen Arbeit ist in erster Linie auf externe Referenzkriterien wie z.B. sozialpolitische oder wirtschaftlich begründete Kennziffern gerichtet (Output- bzw. Outcomeorientierung) und lässt die Perspektive der betroffenen Subjekte außen vor. Beispiele dafür sind Konzepte von „Evidence-Based-Practice" (EBP) oder die „managerialistische Wirkungsforschung".

Im Gegensatz dazu betonen die in dem Sammelband vorliegenden Beiträge eine Adressaten- bzw. Nutzerorientierung. Erkenntnisleitend ist hier, die Wirkungen Sozialer Arbeit aus dem Blickwinkel von Adressaten und Adressatinnen in ihren spezifischen Lebenswelten zu erschließen. Der ursprüngliche Fokus der Wirkungsforschung wird damit erweitert und nach den adressaten- und adressatinnenspezifischen „Folgen sozialer Hilfen" gefragt. Bei diesem Ansatz („narrative Folgenforschung") ist das Erkenntnisinteresse darauf gerichtet zu untersuchen, in welchen Kategorien Adressaten und Adressatinnen wahrgenommen werden aber auch und insbesondere in welchen sie sich selbst wahrnehmen. Die Handlungs- und Entscheidungsfreiheit der Akteure (Subjektorientierung), wie sie insbesondere mit dem Konzept der Lebensweltorientierung von *Hans Thiersch* entwickelt wurde, bildet dabei die normative Basis des methodologischen und methodischen Zugangs.

Herausgeberinnen und Herausgeber

Die Herausgeberinnen und Herausgeber des Bandes lehren und forschen an der Fakultät II Bildung-Architektur-Künste der Universität Siegen.

..

Entstehungshintergrund

Die Beiträge des Sammelbandes sind in dem institutionellen Kontext eines fakultären Verbundprojektes an der Universität Siegen zum Thema „Folgen sozialer Hilfen" entstanden. Die Ergebnisse dieser Teilstudien wurden im Rahmen eines Workshops im November 2016 an der Universität Siegen mit interdisziplinären Expertinnen und Experten diskutiert. Die dort vorgetragenen Beiträge gehen ebenfalls in den Sammelband mit ein.

Aufbau

Der Band ist in vier Themenbereiche gegliedert.

In der **Einleitung** werden die Implikationen der Erforschung von Folgen sozialer Hilfen geklärt und in einem Gespräch zwischen *Hans Thiersch & Hanna Weinbach* Grundlagen und Konsequenzen des Adressaten- bzw. Adressatinnenbegriffs für die narrative Folgenforschung diskutiert. Der **zweite Teil** hat Beiträge zu methodologischen und methodischen Fragen zum Gegenstand. Im **dritten Teil** werden die Ergebnisse empirischer Studien vorgestellt und in einem **vierten Teil** stehen konzeptionelle Perspektiven im Mittelpunkt.

Inhalte

In einem **einleitenden Beitrag** der Herausgeber und Herausgeberinnen werden die Implikationen der Erforschung von Folgen sozialer Hilfen näher bestimmt. Dazu werden drei Unterscheidungen getroffen: Folgenforschung wird a) von Evaluation abgegrenzt, b) die Kontextbezüge von Folgen als „Mehrebenenproblem" beschrieben und c) die Heterogenität in Bezug auf die Spezifik einzelner Arbeitsfelder angesprochen. Dies mündet in einer Darstellung der grundlegenden Aspekte, die bei der Erforschung von Folgen sozialer Hilfen bewusst zu machen sind.

Im Gespräch zwischen *Hanna Weinbach & Hans Thiersch* werden die Grundlagen und Implikationen einer subjektorientierten und an der Lebenswelt der Adressaten und Adressatinnen ausgerichteten Perspektive für die Forschung herausgearbeitet. Folgen für die Adressaten und Adressatinnen sind u.a. in zwei Dimensionen zu betrachten: Auf der vertikalen Ebene geht es um die Gegenwart der Bewältigung der Lebenssituation und auf der horizontalen Ebene um die Lebensgestaltung in der Zukunft. Den methodischen Zugang bildet, so *Hans Thiersch,* die Selbstdeutung der Adressaten und Adressatinnen aber auch die „Bewertung der Situation im Horizont des Realitätsprinzips." (27)

Den **zweiten Teil** eröffnet ein Beitrag von *Holger Ziegler* zu den Perspektiven der Wirkungsforschung. Im Zentrum stehen Überlegungen darüber, wie es möglich ist, zu Kausalerklärungen zu kommen, die der externen Validität sozialpädagogischer Praxis besser gerecht werden. Die Überlegungen münden in Konturen einer „mechanismischen Wirkungsforschung" (42), die auf der Ebene belastbarer Theorien Wirkungszusammenhänge „mittlerer Reichweite" (*Robert K. Merton*) formuliert und prüft. In den Fokus geraten damit das Wechselspiel zwischen „Ressourcenausstattungen, Gelegenheitsstrukturen, Handlungsbefähigungen und Handlungsentscheidungen der Akteur_innen mit spezifischen sozialen Kontexten." (44)

Christine Demmer untersucht die Bedeutung eines biografieanalytischen Zugangs. Das Potenzial dieses Zugangs wird in der Auseinandersetzung mit Selbst- und Weltentwürfen in einer lebenszeitlichen und lebensräumlichen Perspektive gesehen, mit deren Hilfe „die Komplexität von direkten und indirekten Sinnzuweisungen" (57) aufgedeckt werden kann.

Gunther Graßhoff zeichnet die Spannung der Adressatenforschung zwischen Lebensweltkonzept, sozialpädagogischer Nutzerforschung und Agency-Theorien nach, deren gemeinsame Perspektive die der „Ermöglichung" ist. Er verdeutlicht außerdem, dass es erforderlich ist, sich gegenüber naiven und trivialisierenden Verkürzungen einer Akteursperspektive abzugrenzen. Dies kann nur dann gelingen, wenn die zu untersuchenden Folgen „innerhalb eines theoretischen Rahmens begründet werden." (72)

Heinz Messmer fragt nach den Beiträgen der Konversationsanalyse zu einem realistischen Verständnis sozialer Hilfe. Über Kategorisierungen wird durch Fachkräfte der Sozialen Arbeit Einfluss auf die Konstruktion der Fallwirklichkeit ausgeübt. Machtasymmetrien können damit aufrecht erhalten werden. Aus der Perspektive der konversationsanalytischen Forschung erweist sich die Praxis der sozialen Hilfen als ein „komplexer Übersetzungs- und Transformationsprozess" (83), auf dessen „Vorderbühne fachlichen Handelns ethische und moralische Prinzipien die

Gesprächsführung auffällig stark dominieren" [..] „Fragen der Teilhabe und Partizipation tendenziell eher intransparent" (85) bleiben.

Sesna Varga & Chantal Munsch thematisieren, dass Erzählungen von den Situationen beeinflusst werden, in der sie zum Thema gemacht werden. Sie greifen dazu auf den Begriff der „Positionierung" zurück und zeigen, dass sowohl Fremd- wie auch Selbstpositionierungen als „höchst kontextspezifische Phänomene verstanden und untersucht werden" können, die außerdem „veränderbar, flexibel und variabel" (91) erscheinen.

Im **dritten Teil** des Bandes stehen die Ergebnisse empirischer Studien im Mittelpunkt.

Jennifer Buchna & Thomas Coelen untersuchen die „Handlungsmächtigkeit" von Adressaten und Adressatinnen an der Schnittstelle zwischen Jugendhilfe und Schule. Dabei stehen die Selbstpositionierungen von Adressaten und Adressatinnen Sozialpädagogischer Familienhilfe und ein „Anti-Gewalt-Training" in der Schule im Fokus. In beiden Fällen ist eine klare Positionierung als handlungsmächtige Akteure innerhalb der Hilfen erkennbar.

Miriam Mai & Luisa Abdessadok rekonstruieren die Positionierungen von Eltern und Fachkräften bzgl. der Diskurse zu Bildung und Fürsorge. Die Analysen liefern Ansatzpunkte, wie in unterschiedlichen „Diskursräumen" das Verhältnis von Bildung und Fürsorge in Kindertageseinrichtungen neu bestimmt werden kann.

Dagmar Hoffmann untersucht, „welche Rolle und Funktion alltägliche Medienpraktiken im Kontext sozialer und therapeutischer Hilfen übernehmen." (132) Vor dem Hintergrund einer zunehmenden Bedeutung der sozialen Medien zeigen sich nicht nur „intergenerationale Unterschiede im Hinblick auf die Kenntnis und das Wissen um vielfältige Medienangebote", sondern auch bezüglich der „Umgangsweisen und Einstellungen zu bestimmten medialen Inhalten und Diensten." (143)

Hanna Weinbach geht der These nach, dass die Folgen sozialer Hilfen im Kontext von behinderten Menschen als „die interaktive Herstellung und Erfahrung von Behinderung" (146) zu rekonstruieren ist. Der methodische Zugang erfolgt über die Analyse von Fotos, die eine Adressatin arrangiert und fotografiert hat. Dabei wird deutlich, wie Behinderung als soziales

Konstrukt interpretiert werden kann und sich auf unterschiedliche Lebensfelder der Adressatinnen bezieht.

Bernd Dollinger, Luzie Gilde, Selina Heppchen & Jenna Vietig postulieren eine Ambivalenz von Erziehungs- und Strafrecht und formulieren die These, „dass junge Menschen nicht nur als Objekte strafrechtlicher Ermittlung und Verurteilung zu betrachten sind, sondern als Subjekte eigenen Rechts." (169) Die Ergebnisse der Studie zeigen, dass der erlebte positive subjektive Nutzen nur die eine Seite abbildet. Dem stehen negative Aspekte von Erfahrungen im Sinne der Stigmatisierung und Missachtung gegenüber.

Jennifer Buchna, Luzie Gilde, Selina Heppchen, Jenna Vietig &. Hanna Weinbach legen in ihrem Beitrag eine Zusammenschau der empirischen Studien vor. Ziel dieses Vorgehens ist es, arbeitsfeldübergreifende Phänomene aus Sicht der Adressaten und Adressatinnen zu sichten. Als gemeinsame Phänomene werden

- die explizite und/oder implizite Einflussnahme durch die Adressaten und Adressatinnen,
- verschiedene Dimensionen des spezifischen Nutzens der sozialen Hilfe,
- die Umdeutung von zugeschriebenen Zielen der sozialen Hilfe und die
- (Re-)Produktion von Zuschreibungen zur Verortung innerhalb der sozialen Hilfen gesehen.

Die Befunde zeigen, dass der Begriff „Handlungsmächtigkeit" empirisch gefüllt werden kann.

Im **vierten Teil** des Bandes werden konzeptionelle Perspektiven vorgestellt.

Andreas Kastenmüller thematisiert wie in der offenen Jugendarbeit eine „eigenverantwortliche und gemeinschaftsfähige Persönlichkeit" (§ 1 SGB VIII) gefördert und unterstützt werden kann. Einen Ansatzpunkt sieht er in einem „transformationalen Umgang" (205), wie er in der Organisationspsychologie bereits gut erforscht ist.

Tim Klucken gibt einen Überblick über ausgewählte Aspekte der Psychotherapieforschung und beschreibt „allgemeine Aspekte der Wirksamkeitsforschung sowie ‚therapieschulen- und methodenübergreifende' Forschungsstrategien und Ergebnisse (212)." Er sieht eine Forschungslücke bzgl. nicht-intendierten Folgen von Psychotherapie.

Michael Fischer, Tobias Fröschle & Albrecht Rohrmann untersuchen die Gesetzgebung und Entwicklung sozialer Hilfen am Beispiel der Arbeit von Betreuungsbehörden. Sie greifen dazu auf den Begriff der „Rechtstatsachenforschung" (*Arthur Nußbaum*) zurück und zeigen auf, dass dieser Forschungszweig „auf der Grundlage empirischer Sozialforschung einen Beitrag zur Rechtsentwicklung leisten kann." (233) Deutlich wurde dabei, dass es einen Forschungsbedarf bzgl. des Prozesses der „Sachverstandsaufklärung" und der „sich anschließenden Berichterstattung" (231) gibt.

Diskussion

Unter dem Etikett Wirkungsorientierung können eine Reihe heterogener Forschungszugänge in der Sozialen Arbeit subsummiert werden. Sie reichen von Ansätzen, die Erkenntnisse bzgl. Effizienz und Effektivität von Maßnahmen gewinnen wollen, über Zugänge die eine Nutzensteigerung an eine Optimierung des verfügbaren wissenschaftlichen Wissens koppeln (Evidenzbasierung) bis zu einer Nutzerforschung, bei der der „Eigensinn" der Adressaten und Adressatinnen sozialer Hilfen in den Mittelpunkt der Erkenntnis rückt. Stand bei dem letztgenannten Forschungszugang zu Beginn seiner Entwicklung noch die Frage nach der Legitimierung dieser Perspektive im Vordergrund, so wird aktuell die Frage diskutiert, wie sich aus der Perspektive der Adressaten und Adressaten die angebotenen Hilfen erschließen.

Der vorliegende Band gibt eine Bestandsaufnahme dieses Forschungsansatzes. Er liefert wichtige Erkenntnisse über offene methodologische Fragen und zeigt wie adressaten- und lebensweltorientierte Konzepte der Pädagogik und der Sozialen Arbeit forschungsmethodisch umgesetzt werden können. Damit trägt er dazu bei, die Wirkungsforschung in der Sozialen Arbeit durch weitere Zugänge zu ergänzen. Außerdem wird durch die Offenlegung der Handlungsmächtigkeit der Adressatinnen und Adressaten im Prozess der Hilfeerstellung die Bedeutsamkeit des Uno-actu-Prinzips in seinen nutzerbezogenen Konsequenzen konkret sichtbar.

Des Weiteren eröffnen die Ergebnisse aber auch einen kritischen Blick auf die Bedeutung der Fachkräfte in den sozialen Hilfen. Fachkräfte des Sozialen sind das Scharnier zwischen den sozialpolitischen und administrativen

Ansprüchen einerseits und den Nutzererwartungen der Adressaten und Adressatinnen andererseits („doppeltes Mandat"). In dem Spannungsfeld zwischen fachlich-moralischem Selbstdeutungen der Profession und den administrativen Fremddeutungen zeigt sich, dass Professionelle Kategorisierungen gegenüber den Adressaten und Adressatinnen bilden, die eine Tendenz zur Aufrechterhaltung der eigenen Macht und Kontrolle zum Ausdruck bringen. Die Ergebnisse der Studien tragen so dazu bei, dass die professionelle Praxis in ihrer Feinstruktur transparenter wird und professionsimmanente Deutungen selbstkritisch diskutiert werden können.

Im zweiten Teil des Buches werden eine Reihe forschungstheoretischer und methodologischer Fragen aufgeworfen, in denen ein ambitionierter Anspruch an eine narrative Nutzerforschung zum Ausdruck kommt. Stellvertretend nenne ich die an verschiedenen Stellen geforderte theoretisch-empirische Fundierung im Rahmen von Theorien mittlerer Reichweite und eine Einbettung der Ergebnisse in einen größeren Theoriezusammenhang. Dieser Anspruch wird in dem Band aber nur teilweise eingelöst. Als ein Beispiel greife ich die Ergebnisse über die Wirkmächtigkeit der Adressatinnen und Adressaten sozialer Hilfen heraus. Neben der Feststellung der Wirkmächtigkeit bedarf es m.E. zusätzlich eine kritische Interpretation dieser Selbstdeutungen im Kontext weiterführender (z.B. psychologisch-empirischer) Theorien. Ohne diese theoretische Rückkopplung gelingt aber eine „Bewertung der Situation im Horizont des Realitätsprinzips." (27), wie *Hans Thiersch* dies gefordert hat, nur unzureichend. Will sich eine soziale Praxis aber nicht nur affirmativ gegenüber ihren Adressatinnen und Adressaten verhalten, sollte sie ihre normativen Vorbehalte gegenüber empirisch fundierten und theoriegeleiteten Fremddeutungen kritisch hinterfragen.

Fazit

Wer einen Überblick über den aktuellen methodologischen und empirischen Stand der narrativen Nutzerforschung gewinnen will, der wird in dem vorliegenden Sammelband sehr gut fündig. Als ein besonderer Gewinn erweist sich die klare Themenstrukturierung des Bandes und der weitgehend vergleichbare Aufbau der Beiträge. So fällt es leicht, die Bezüge zwischen den Beiträgen zu erkennen und zu einem zusammenhängenden Bild zu verdichten. Alle diejenigen, die an den Themen Wirkungsforschung im Allgemeinen und narrative Nutzerforschung im Besonderen interessiert sind, finden hier wichtige Impulse und Anregungen.

Silvan Stricker, Patrick Renz, Donat Knecht, Alex Lötscher, Werner Riedweg: Soziale Organisationen wirkungsvoll führen. Entwicklung dank ganzheitlicher Governance – ein Fitnessradar.

Nomos Verlagsgesellschaft. Edition Sozialwirtschaft (Baden-Baden) 2015. 200 Seiten. ISBN 978-3-8487-2394-2. D: 36,00 EUR.

Thema

Mit dem Begriff Corporate Governance werden im Allgemeinen neuere Grundsätze zur verantwortungsvollen Leitung und Steuerung von Unternehmen verstanden. Damit wird auf Herausforderungen reagiert, denen sich auch Organisationen der Sozialwirtschaft in Zeiten eines raschen gesellschaftlichen Wandels zu stellen haben. Um Sozialunternehmen wirksam unter veränderten Voraussetzungen zu steuern sind Strategien erforderlich, die Verantwortliche in die Lage versetzen, komplexe Wirkungszusammenhänge zu erfassen und zu gestalten. Das vorliegende Buch setzt an diesem Punkt an und entwickelt ein „Fitnessradar-Modell", mit dessen Hilfe Organisationen der Sozialwirtschaft unterstützt werden sollen, ihre Einrichtungen strategisch zu leiten, integrativ zu managen und ganzheitlich zu kontrollieren.

Autoren

Die Autoren sind in unterschiedlichen Funktionen an der Hochschule Luzern in den Departements Soziale Arbeit und Wirtschaft tätig. Neben ihrer wissenschaftlichen Tätigkeit sind bzw. waren alle in praktische Projekte der Sozialwirtschaft involviert. Im Rahmen verschiedener Forschungsprojekte arbeiten die Autoren interdisziplinär zusammen.

Entstehungshintergrund

Das Buch baut auf dem Forschungsprojekt „Fitnessradar für soziale Organisationen" auf, das von der Kommission für Technologie und Innovation (KTI) der Schweizerischen Eidgenossenschaft gefördert wurde. In dem interdisziplinären Projekt arbeiteten Forscher aus der Hochschule und Praktiker aus mehreren sozialen Organisationen zusammen. Zusätzlich floss fachliche Expertise über die Organisation Transparency International sowie die Stiftung Aid Governance ein. Ziel des Forschungsprojektes war es, der strategischen und operativen Führung in sozialen Organisationen ein

Instrumentarium an die Hand zu geben, mit deren Hilfe Organisationen ganzheitlich weiterentwickelt werden können. Das Buch soll kein theoretisches Werk sein, sondern ein Ratgeber für die Praxis.

Aufbau

In kurzen einführenden Kapiteln werden die Grundidee des Buches erläutert (Kapitel 1), das Anliegen des Ansatzes im Rahmen der Führung sozialer Organisationen dargelegt (Kapitel 2), das Fitnessradar-Modell im Überblick beschrieben (Kapitel 3) und der Aufbau des Buches (Kapitel 4) kurz dargestellt. Das eigentliche inhaltliche „Herzstück" bildet Kapitel 5. Dort werden die sechs Inhaltsmodule des Fitnessradar-Modells ausführlich vorgestellt. Kapitel 6 gibt einen knappen Überblick über die fünf Resultatsmodule des Modells. In Kapitel 7 werden im Rahmen einer Fallstudie sowie mit Checklisten Anregungen zur Reflexion und zur Anwendung des Modells gegeben.

Inhalte

Das Fitnessradar-Modell besteht aus sechs Inhaltsmodulen und fünf Resultatsmodulen. Die Basis der Inhaltsmodule bildet das „System-Management" (Modul 1). Soziale Organisationen werden als komplexe Systeme mit einer ausgeprägten Eigendynamik verstanden. Um sie angemessen steuern zu können, ist ein Denken und Handeln in Kreisläufen, in Wechselbeziehungen und in Vernetzung erforderlich. In dem Modul System-Management werden die Grundlagen systemischen Denkens und Handelns vorgestellt und an verschiedenen Beispielen erläutert. Anregungen dazu liefert auch das neue St. Galler Management-Modell, das die eigene Organisation in den Kontext der Zusammenhänge und Abhängigkeiten der Umwelt stellt.

Orientierung und Ordnung in sozialen Organisationen wird durch das „Missions-Management" (Modul 2) geschaffen. Das Missions-Management beinhaltet drei Elemente: eine Strategie für die Organisation, dazu angemessene Aufbaustrukturen und schließlich die Kultur der Organisation. Die Strategie findet ihren Ausdruck unter anderem in der Leitbildentwicklung, die idealerweise zusammen mit den Mitarbeitern erfolgt. Die Aufbau- und Ablaufstrukturen müssen in Bezug auf Leitbild und Prozesse stimmig sein. Die Organisationskultur, als Ausdruck der sichtbaren und unsichtbaren normativen Basis, unterliegt einem kontinuierlichen Lern- und Reflexionsprozess. Eine besondere Zuständigkeit und Verantwortung für das Missions-Management haben die Aufsichtsgremien der sozialen Organisationen.

Soziale Organisationen werden in der Öffentlichkeit an der Erfüllung besonderer moralischer bzw. ethischer Ansprüche gemessen. Mit dem „Integritäts-Management" (Modul 3) werden die Grundlagen „guten" und ethisch verantwortungsvollen Handelns reflektiert und entwickelt. Es umfasst im Grundsatz zwei Aufgaben: So ist einerseits sicherzustellen, dass Gesetze, Berufskodizes, Weisungen und Normen eingehalten werden. Andererseits sollen Mitarbeiter dadurch befähigt werden, im Falle ethischer Dilemmata reflektierte Entscheidungen zu treffen. Als theoretischer Bezug werden u.a. die Grundlagen der Anerkennungsethik und der Diskursethik vorgestellt.

Soziale Organisationen sind unterschiedlichen Erwartungshaltungen ausgesetzt, die durch ein „Anspruchsgruppen-Management" (Modul 4) zu beeinflussen sind. Die Stakeholder oder Anspruchsgruppen von sozialen Organisationen bestehen beispielsweise aus den Geldgebern, den Klienten, den Medien (Öffentlichkeit), den Kooperationspartnern, der Politik und vielen mehr. Für soziale Organisationen ist die Unterscheidung zwischen strategischen und normativ-kritischen Stakeholdern hilfreich. Erstere beschreiben die Gruppen, die Einfluss auf die soziale Organisation haben (und umgekehrt). Letztere diejenigen, die legitime Ansprüche an die soziale Organisation haben aber keinen oder nur einen reduzierten Einfluss. Für jede dieser Gruppen ist eine passende Strategie zu entwickeln.

Führen und Leiten ist immer mit Risiko verbunden. Risiko bedeutet, dass Ereignisse eintreten können, die nicht beabsichtigt sind. Mit dem „Risiko-Management" (Modul 5) können Risiken frühzeitig erkannt und bewältigt werden. Ein ganzheitliches Risiko-Management beschränkt sich jedoch nicht darauf, die Erfassung von Risiken allein als Aufgabe von Aufsichtsrat und Leitung zu begreifen, sondern bezieht alle Mitarbeitenden mit ein. So werden Mitarbeitende für mögliche Risiken sensibilisiert und durch eine Kultur der Verantwortung wird ein rechtzeitiges Gegensteuern möglich.

Die Grundlagen für ein Controlling bzw. allgemeiner ein Feedback werden im Rahmen des „Audit- und Berichts-Management" (Modul 6) geschaffen. Damit können strategische Entscheidungen systematisch überprüft aber auch fachliche Standards im Rahmen von Qualitätsanforderungen evaluiert werden. Das Audit- und Berichts-Management kann auf der Grundlage von externen Erfordernissen (beispielsweise gesetzlicher Vorschriften) oder auch aufgrund interner Controllingsysteme (beispielsweise Dokumentation von Kernprozessen) erfolgen.

Die sechs Schlüsselmodule werden im Fitnessradar-Modell im Hinblick auf ihre Auswirkungen auf relevante Resultate untersucht. Dies geschieht in einem knappen Überblick. Als Resultatsmodule werden Professionalität, Wirkung, Glaubwürdigkeit, Führung und Erneuerungsfähigkeit herangezogen. Dabei wird postuliert und kurz erläutert, dass die erfolgreiche Gestaltung der Inhaltsmodule positive Auswirkungen auf die genannten Resultatsmodule hat.

Diskussion

In dem Buch werden die Erfahrungen und die Fachdiskussionen der Sozialwirtschaft der vergangenen Jahre gebündelt und in ein schlüssiges Management-Modell integriert. Viele Fachdiskussionen der Vergangenheit werden so zusammengeführt. Mit dem Fitnessradar-Modell können die Spezifika von sozialen Organisationen angemessen erfasst werden. Es stehen damit Instrumente einer umfassenden Organisationsentwicklung zur Verfügung. In diesem Sinne ist das Buch eine wertvolle Orientierungshilfe sowohl für Führungskräfte wie auch für Mitarbeiter. Es liefert einen ganzheitlichen Ansatz zur Steuerung von sozialen Organisationen und entspricht damit den Anforderungen, die aktuell in der Governance-Debatte diskutiert werden. Die Autoren verstehen das Buch nicht als theoretisches Werk, sondern als Ratgeber für die Praxis. Darin liegt gleichermaßen ein Vor- wie ein Nachteil. Praktiker finden in dem Buch eine Fülle von Anregungen (inklusive der vielen Exkurse, Praxistipps, Fallbeispiele und Checklisten) zur Orientierung und Umsetzung. Die wissenschaftlichen Grundlagen der Argumentation geraten dafür etwas zu kurz. Dies zeigt sich auch darin, dass einzelne Themen stellenweise nur eingeschränkt konsistent aufeinander bezogen sind und manchmal Argumente durch Postulate ersetzt werden.

Fazit

Das Buch ist ein sehr hilfreicher Beitrag zu den Bestrebungen in der Sozialwirtschaft, die Grundsätze zur Steuerung und Leitung von sozialen Organisationen ganzheitlich und ihrem ethischen Grundverständnis und Auftrag entsprechend weiter zu entwickeln. Insbesondere für Praktiker gibt es viele interessante und umsetzbare Anregungen. Ich wünsche dem Buch eine breite Resonanz.

Marlies W. Fröse: Transformationen in "sozialen" Organisationen. Verborgene Komplexitäten. Ein Entwurf.

Ergon Verlag (Würzburg) 2015. 584 Seiten. ISBN 978-3-95650-111-1. D: 58,00 EUR, A: 59,70 EUR.

Thema

Technologischer und sozialer Wandel sind der Motor für Transformationen in sozialen Organisationen. Transformationen umfassen sowohl die Organisation mit ihren internen Prozessen wie auch ihre externen Umweltbeziehungen. Die Organisationswissenschaft steht damit vor einem grundlegenden Dilemma. Einerseits muss sie Fragen nach der Steuerung von Organisationen beantworten, andererseits stößt sie an die Grenzen der Planbarkeit von komplexen Systemen. Um dem Dilemma zu entkommen, entwirft die Organisationswissenschaft häufig Modelle der Komplexitätsreduktion. *Marlies W. Fröse* geht nicht diesen Weg. Sie lädt mit ihrem Buch ihre Leser dazu ein, eine „Art Reise in den Bereich zunehmender Komplexität" (23) in Organisationen zu unternehmen. Nur so kann die Vielfalt aber auch die Widersprüchlichkeit der Komplexität in Organisationen wahrgenommen werden. Dies geht nicht ohne Irritationen für die Leser von statten. Eingefahrene Überzeugungen werden in Frage gestellt und liebgewonnene Erkenntnisse sind zu revidieren. Wer allerdings die Bereitschaft mitbringt, sich auf diese Herausforderung einzulassen, erhält die Chance, den Prozess der Transformationen in Organisationen neu zu sehen, zu erklären und zu verstehen.

Autorin

Marlies M. Fröse ist eine bundesweit ausgewiesene Expertin im Bereich von Organisation und Management in der Sozial- und Gesundheitswirtschaft. Von 1998 bis 2010 war sie Professorin für Management in sozialen Organisationen an der Evangelischen Hochschule Darmstadt. Von 2010 bis 2015 arbeitete sie als Projektleiterin und Dozentin am Institut für Sozialmanagement, Sozialpolitik und Prävention (ISP) und im Zentrum Lernen und Bildung (ZLB) an der Hochschule Luzern - Soziale Arbeit. Seit 2015 lehrt sie als Professorin für Organisations- und Personalentwicklung in der Sozial- und Gesundheitswirtschaft an der Evangelischen Hochschule Dresden.

Entstehungshintergrund

Das vorliegende Buch ist die Habilitationsschrift von Marlies W. Fröse, in der sie unter anderem ihre vielfältigen Forschungserkenntnisse und praktischen Erfahrungen aus dem Handlungsfeld Führung und Leitung in sozialen Organisationen verarbeitet hat.

Aufbau und Inhalte

Das Buch ist in neun Kapitel gegliedert.

Im **ersten Kapitel** werden die begrifflichen Grundlagen zu „Komplexität" und (soziale) Organisationen gelegt. Dazu werden zunächst einige Bilder, Geschichten und Metaphern zur Beschreibung von verborgenen Komplexitäten vorgestellt. Diese kreisen um das Verhältnis von Wahrheit und Wirklichkeit, stellen historische Vordenker zu Führung und Leitung vor, beschreiben die Bedeutung der Tugenden für das Führen und Leiten und deuten Organisationsmetaphern und Menschenbilder, die unser Denken prägen. Außerdem wird der Organisationsbegriff der vorliegenden Untersuchung in seinen Aspekten entwickelt und die Merkmale des Organisationsverständnisses werden entfaltet.

Im **zweiten Kapitel** steht das Thema „Transformationen in Organisationen" in Gegenwart und Zukunft im Mittelpunkt. Mit Transformationen sind Umwälzungen gemeint, die eine grundsätzliche Neuausrichtung zur Folge haben. Zunächst wird beschrieben, wie das Thema im Change-Management, in der Organisationsberatung, in der Arbeitspsychologie und in der Gesellschafts- und Sozialpolitik Eingang gefunden hat. Transformationen, wenn sie nicht gelingen, wirken auf zwei Ebenen: Auf der individuellen Eben entstehen psychosoziale Konflikte und Krankheiten. Auf der Organisationsebene gerät das System als Ganzes in einen Zustand der Erschöpfung und Überforderung. Als Antreiber für das Misslingen von Transformationen werden unter anderem die Debatten um die Messbarkeit und die Wirkung von Leistungen, die wachsende Monetarisierung des Lebens sowie die Verknappung von Zeit identifiziert. *Marlies W. Fröse* spricht sich angesichts dieses Befundes dafür aus, die aufgezeigten Spannungsfelder nicht zu ignorieren, sondern sie bewusst wahrzunehmen und auszuhalten. Damit dies gelingt, fordert sie ein entschleunigtes Human Resource

Management, das auf die Zeit als Quelle des Nachdenkens und der Reflexion setzt.

Das **dritte Kapitel** ist den Grundbestimmungen von Sozialmanagement und Sozialwissenschaft gewidmet. Differenziert wird die Verortung der beiden Grundbegriffe in verschiedenen wissenschaftlichen Disziplinen und dazugehörigen Netzwerken untersucht. Das Ergebnis dieser Betrachtung macht deutlich, dass eine Theorie des Sozialmanagements bzw. der Sozialwirtschaft bisher nicht ausreichend fundiert vorliegt. Um aus dieser Sackgasse herauszukommen wird vorgeschlagen, stattdessen von Management sozialer Organisationen zu sprechen und dieses zu entfalten und damit auf einen eigenen Managementbegriff zu verzichten.

Das **vierte Kapitel** wendet sich exemplarisch Alltagsphänomen sozialer Organisationen zu. Dazu werden das Feld der Organisationsberatung und insbesondere dessen häufiges Scheitern untersucht. Transformationen in Organisationen können aber nur dann erfolgreich sein, wenn sie nicht nur als äußere Anpassung an den Wandel, sondern als qualitative Entwicklung angelegt sind. Dies geschieht nach Auffassung von *Marlies W. Fröse* im Darmstädter Management-Modell, dessen Grundideen deshalb vorgestellt werden.

Im **fünften Kapitel** werden die Themen Organisationsentwicklung und insbesondere Konfliktmanagement am Beispiel der Biografie von *Friedrich Glasl* analysiert. Grundlage dafür ist ein dreitägiges Interview mit dem Nestor des Konfliktmanagements. Dabei wird deutlich, wie sich persönliche Biografie, Interesse für die Konfliktforschung sowie die Entwicklung einer am Menschen ausgerichteten Organisationsentwicklung miteinander verschränken.

Im **sechsten Kapitel** steht das Thema Leadership und neue Herausforderungen für Führung und Leitung im Zentrum. Dies geschieht zunächst durch die Gegenüberstellung von „Management" und „Leadership". Während unter Management die technokratische Anwendung von betriebswirtschaftlichem Wissen und Handwerkszeug („to do the things right") verstanden wird, umfasst Leadership mehr, nämlich die Kompetenz zur Gestaltung von persönlichen und organisatorischen Transformationen („to do the right thing"). In einem Vergleich der Curricula von Masterstudiengängen in europäischen Ländern, den USA und Südafrika wird untersucht, wie dort das Thema Leadership verankert ist. Ergänzend dazu werden die Ergebnisse von Interviews mit ausgewählten Führungskräften vorgestellt. Als Fazit dieser Analyse werden verschiedene Elemente von Leadership als ein Teilbereich reflexiver Professionalisierung beschrieben.

Im **siebten Kapitel** wird das Thema Leadership durch die Themen Mixed Leadership und Gender noch vertieft. Dazu werden unter anderem die Erkenntnisse der Gender-Forschung für Organisationen nachgezeichnet und mit dem Konzept „Gendered Management in Gendered Organizations" die strukturellen Voraussetzungen von Mixed Leadership herausgearbeitet. Mixed Leadership verweist darauf, dass im Rahmen von Transformationen in Organisationen auch die Ebenen von geschlechtsbestimmten Kommunikationsmustern, Verhaltenscodices, kulturellen Stilen und Strukturen Beachtung finden sollten.

Das **achte Kapitel** versteht sich als ein Zwischenschritt, der durch interdisziplinäre Dialoge erste „Zwischenantworten" sichtbar machen soll. Der sich wie ein roter Faden durch das Buch ziehende Anspruch, eine technokratisch-bürokratische Engführung der Sozialmanagement- bzw. Sozialwirtschaft-Diskurse aufzubrechen, wird hier noch einmal eindrucksvoll durch die Erweiterung der Perspektive auf gesellschaftskritische Diskurse dargelegt. Exemplarisch wird dazu kritisch auf die Debatte um die Optimierung menschlicher Eigenschaften verwiesen („Human Enhancement"). Die Umsetzung dieses Konzepts führe zu einer Entwertung des Normalen. Im Gegensatz dazu ist eine neue Debatte über Menschenwürde, die gesellschaftliche und die individuelle Bedeutung der Arbeit und über die ethischen Grundlagen eines „guten Wirtschaftens" dringend erforderlich.

Im **neunten Kapitel** werden die weiterführenden Fragen zum Thema entwickelt. Drei Begriffe sollen wie eine Konklusion das Werk einbinden und zusammenhalten. Sie sind die Prämissen von Leadership im hier entwickelten Sinne und heißen „Verstehen" als reflexive Sinnwahrnehmung, „Verantwortung" als ethische Fundierung und die „innere Stimme von Leadership" als ein erweitertes Bildungsverständnis. Es geht *Marlies W. Fröse*, um es mit *Hannah Arendt* zu sagen, um ein „Denken ohne Geländer".

Diskussion

Die Debatte insbesondere um die betriebswirtschaftlichen und organisatorischen Herausforderungen der Sozialwirtschaft wird seit über 20 Jahren intensiv geführt. Eine Vielzahl von Fachpublikationen, Tagungen und institutionelle Netzwerke sind in dieser Zeit entstanden. Rein zahlenmäßig stehen dabei jene Veröffentlichungen im Mittelpunkt, die pragmatische Handlungskonzepte zur Bewältigung der enormen Herausforderungen darstellen und entwickeln. Das Buch von *Marlies W. Fröse* geht weit über diesen Standard hinaus. Es bewegt sich mit seinen Fragen, Analysen und Konzepten auf einer sehr grundlagentheoretischen Ebene. *Marlies W. Fröse* nimmt die Leser mit auf eine spannende Reise. Sie identifiziert nicht nur die Widerspüche der Debatten zum Sozialmanagement, sondern arbeitet auch tiefschürfend deren Wurzeln und Sackgassen heraus. Dabei geht sie keineswegs kulturpessimistisch vor, sondern sieht sehr klar den enormen Veränderungsdruck, der als Ergebnis des Modernisierungsprozesses unserer Gesellschaft, auf den sozialen Organisationen lastet. Es sind jedoch nicht die einfachen Lösungen, die sie entwickelt. Sie kapituliert nicht vor der Komplexität ihres Gegenstandes. Ihr Anspruch ist es, die Komplexität des Transformationsprozesses der Moderne mit komplexen Anregungen zur Führung und Leitung sozialer Organisationen zu verbinden. Dazu spannt sie den Bogen inhaltlich sehr weit und sucht methodisch auf unterschiedlichen Ebenen den Zugang zu ihrem Gegenstand. Diese Vorgehensweise fordert ihre Leser intensiv heraus. Das Buch lässt sich nicht leicht lesen und schon gar nicht quer. Es fordert von seinen Lesern Respekt. Dieser beinhaltet ein aufmerksames Lesen, die Disziplin des eigenständigen Denkens und die Bereitschaft, die eigenen Positionen und Erkenntnisse kritisch hinterfragen zu lassen. Wenn es so rezipiert wird, kann es die Debatten um das Management sozialer Organisationen intensiv befruchten.

Fazit

Gesellschaftliche und soziale Transformationsprozesse haben zu einer wachsenden Dynamik und Komplexität von Organisationen geführt. Die Fähigkeit, sich auf diese Veränderungen und Entwicklungen einzustellen, wird zur notwendigen Überlebenskompetenz von Organisationen. Damit der Prozess der Transformation erfolgreich von statten gehen kann, sind die verborgenen Komplexitäten in sozialen Organisationen wahrzunehmen, zu erklären und zu verstehen. Das Buch liefert dazu eine differenzierte Analyse und eine Fülle von Reflexionsmöglichkeiten. Diejenigen, die sich nicht mit kurzfristigen technokratischen Lösungsstrategien zufrieden geben wollen, finden hier ein riesiges Reservoir an Anregungen zum Nachdenken.

Erich Rösch, Meike Schwermann, Edgar Büttner, Dirk Münch, Michael Schneider u.a.: Führen und Leiten in Hospiz- und Palliativarbeit. Herausforderung Ehren- und Hauptamt.

Kohlhammer Verlag (Stuttgart) 2018. 210 Seiten. ISBN 978-3-17-032982-9. D: 32,00 EUR, A: 32,90 EUR.

Thema

Die Hospiz- und Palliativversorgung in Deutschland ist seit der Gründung des ersten stationären Hospiz 1986 in Aachen im ständigen Wandel. Am Anfang standen die „individualistische Hilfe von Mensch zu Mensch" (30) und die Forderung nach einem humanen Sterben. Inzwischen haben sich die Aufgaben deutlich erweitert. Mit der Institutionalisierung der Hospizarbeit ist als weitere Aufgabe die Etablierung landesweiter, flächendeckender Strukturen der Hospiz- und Palliativversorgung dazu gekommen. Außerdem hat die gegenwärtige Integration der Hospiz- und Palliativarbeit in den Gesundheitsmarkt weitreichende ökonomische, rechtliche und organisationsspezifische Folgen, die u.a. neue Strategien und Managementkonzepte erforderlich machen. Das Besondere dabei ist, dass in der Hospizarbeit ehrenamtliche Vorstände und ehrenamtliche Begleiter mit hauptamtlich Angestellten zusammenarbeiten. Dieses Spannungsverhältnis greift das Buch auf. Es richtet sich an beide Gruppen und will eine Hilfe dabei sein, diese Phase in der Hospiz- und Palliativversorgung gemeinsam und erfolgreich zu bearbeiten.

Autoren

Alle sechs Autoren und Autorinnen des Buches sind in unterschiedlichen Kontexten und Funktionen mit der Hospizarbeit verbunden. Sie bringen außerdem ihr jeweils spezifisches Fachwissen als Wirtschaftswissenschaftler, Pflegewissenschaftlerin, Theologe, Diakon, Organisationsberater, Psychologe und Fortbildungsreferentin ein.

Entstehungshintergrund

Das Buch ist in der Reihe: „Umsorgen. Hospiz- und Palliativarbeit praktisch", die vom Bayerischen Hospiz- und Palliativverband herausgegeben wird, erschienen.

Aufbau

Das Buch ist in zwei inhaltliche Hauptteile gegliedert. In dem etwas umfangreicheren **ersten Teil** werden die Veränderungen und Herausforderungen eines ehrenamtlichen Vorstands als Arbeitsgeber untersucht sowie Strategien und Instrumente der Bewältigung beschrieben. Im dem etwas kürzeren **zweiten Teil** stehen die hauptamtlich Angestellten im ehrenamtlichen Verein im Mittelpunkt.

Inhalte

Im **ersten Teil** wird zunächst der Weg der Gesundheitsbewegung in den Gesundheitsmarkt nachgezeichnet. Deutlich wird dabei, welche neuen Aufgaben die ehrenamtlichen Vorstände zu bewältigen haben und wie sich die wahrzunehmende Verantwortung verändert hat. Als Orientierung im Umgang mit den neuen Herausforderungen wird das solidarisch-kooperative Menschenbild zugrunde gelegt, wie es für die Hospiz- und Palliativbewegung insgesamt konstitutiv ist. Ehrenamtliche Vorstände brauchen aus Sicht der Autoren und Autorinnen außerdem Management- und Führungskompetenzen sowie die Fähigkeit, strategische Prozesse anzustoßen und zu begleiten.

Damit diese Arbeit der ehrenamtlichen Vorstände und der Hospizarbeit erfolgreich ist, sollte die Energie auf zwei Ebenen zum Tragen kommen: „Hospizarbeit zu machen", als der klassische Anspruch der Hospizbewegung ist durch den strategischen Ansatz „Hospizarbeit möglich zu machen" zu ergänzen. Dies bedeutet, dass vielfältige Berufsgruppen angesprochen und für ein ehrenamtliches Engagement in der Hospizbewegung begeistert werden müssen.

Es gehört zu den Besonderheiten der Hospiz- und Palliativarbeit, die Ehrenamtlichen aktiv in das Geschehen einzubeziehen. Dies geschieht im Alltag der Hospizarbeit aber auch bei der Entwicklung von Veränderungsprozessen. Das Konzept des „Mit-Unternehmertums" der St. Gallener Managementschule soll dazu Anregungen für die praktische Arbeit gegeben.

In einem „Förderkonzept für ein gutes Miteinander" schließlich, werden verschiedene Elemente eines modernen Führungsverhaltens herausgearbeitet. Viele Baustein, die in der Führungsliteratur aktuell diskutiert werden, werden in ihren Grundzügen erläutert und praktische

Anregungen der Umsetzung dazu gegeben. Exemplarisch seien die Stichworte „Vertrauen", „Delegation von Verantwortung", „Zielvereinbarungen" „Führungsstile" und „Vorstand als Team" genannt. Ein kurzes Fazit beschließt diesen ersten Teil.

Im **zweiten Teil** sind die hauptamtlich Angestellten im Fokus. Dazu wird zunächst ein Modell idealtypischer Entwicklungsphasen der „Unternehmung Hospiz" beschrieben, das auch als ein Instrument der „Standortbestimmung beim Einstieg als Hauptamtlicher in eine ehrenamtlich geführte Organisation" (119) genutzt werden kann. Weitere Anregungen gibt eine Befragung von Hospizkoordinatoren über die Zusammenarbeit mit ehrenamtlichen Vorständen. Das Ergebnis weist darauf hin, dass eine Rollen- und Aufgabenklärung, eine wertschätzende und transparente Kommunikation und eine strategische Ausrichtung der Vereinsarbeit förderlich für eine gelingende Zusammenarbeit sind.

In einzelnen Abschnitten werden eine Reihe praktischer Anregungen gegeben, wie Aufgaben- und Rollenklärungen umgesetzt und reflektiert werden können, wie eine wertschätzende Feedbackkultur aufgebaut werden kann und wie das Modell der Transaktionsanalyse im Umgang mit Konflikten genutzt werden kann. Kurze Hinweise auf die Bedeutung von Resilienz und die Fähigkeit der Teamreflexion beschließen diesen Teil.

Diskussion und Fazit

Dem Buch ist deutlich anzumerken, dass es den Geist langjähriger theoretisch reflektierter Erfahrungen in dem Feld der Hospiz- und Palliativarbeit atmet. In einem sehr positiven Sinne wird ein breites theoretisches Hintergrundwissen auf praktische Fragen der Führung und der Organisationsentwicklung in der „Unternehmung Hospiz" angewandt. Die Autoren nutzen dazu einschlägige Erkenntnisse aus der Führungs- und Managementliteratur und übertragen diese auf die spezifischen Herausforderungen im Feld. Sie geben damit den Menschen, die in der Hospiz- und Palliativarbeit in unterschiedlichen Aufgabenbereichen tätig sind, eine Fülle von Anregungen für die praktische Alltagsarbeit wie für die strategische Entwicklungsarbeit.

Zwar sind die einzelnen Kapitel in ihrer theoretischen Tiefe unterschiedlich differenziert ausgefallen, der Duktus des Buches regt aber immer wieder zum Nachdenken und Neudenken über die aktuellen Herausforderungen in dem Handlungsfeld an. Die didaktische Gestaltung, viele gerade für die Praxis anregende Arbeitshilfen in den einzelnen Kapiteln und ein Anhang mit verschiedenen Instrumenten zur Einzel- und Teamreflexion laden den Leser ein, das Gelesene auszuprobieren. Das Buch ist - neben dem Feld der Hospiz- und Palliativarbeit - auch für Zielgruppen aus anderen Arbeitsfeldern des Gesundheitsbereichs und der Sozialen Arbeit, die an der Schnittstelle von ehrenamtlicher und hauptamtlicher Arbeit angesiedelt sind, sehr gut geeignet. In diesem Sinne wünsche ich dem Buch eine neugierige und gegenüber Veränderungen aufgeschlossene Leserschaft.

Anke Eichrodt: Wissenstransfer an der Schnittstelle von Individuum und Organisation. Qualitative Untersuchung von Handlungsorientierungen unter Beachtung der organisationalen Rahmenbedingungen. Ein Beitrag aus dem elementaren Bildungsbereich.

Verlag Dr. Kovač GmbH (Hamburg) 2017. 246 Seiten. ISBN 978-3-8300-9655-9. D: 88,80 EUR, A: 91,30 EUR.Schriftenreihe Studien zur Berufs- und Professionsforschung - Band 31.

Thema

Change Management als Antwort auf gesellschaftliche, ökonomische und professionelle Herausforderungen gehört zum Alltag von Organisationen. Das bedeutet aber nicht, dass Change Management immer erfolgreich ist. Ergebnisse von Studien zeigen, dass rund 40 % aller Change-Management-Projekte scheitern (*Lauer, Thomas* 2014[2]: Change Management. 47). Die Gründe dafür sind vielfältig. Aus der Sicht von Mitarbeitern wird als Ursache häufig eine fehlende Transparenz der Ziele, eine zu geringe Bereitschaft, Mitarbeiter zu beteiligen, ungenügende Orientierung bzgl. des Prozesses und eine nicht ausreichende Sinnhaftigkeit genannt. Auch wenn diese Ergebnisse sich in erster Linie auf strategische struktur- und prozessbezogene Organisationsentwicklungsprozesse beziehen, sind sie dennoch auf andere Veränderungsprozesse in Organisationen übertragbar. Dies gilt auch für Organisationen aus dem Bildungs- und Sozialbereich. Die vorliegende Studie setzt an diesem Punkt an. Im Fokus steht der intraorganisatorische Wissenstransfer eines Trägers von Kindertagesstätten bei der Einführung neuer pädagogischer Konzepte. Dabei wird von der Prämisse ausgegangen, dass Wissenstransfer den Mitarbeitern nicht „verordnet“ werden kann. Um den Transferprozess erfolgreich zu gestalten ist es vielmehr erforderlich, an den Handlungsorientierungen der Mitarbeiter anzuknüpfen.

Entstehungshintergrund

Die Studie von *Dr. Anke Eichrodt* wurde als Dissertation an der Martin-Luther-Universität Halle-Wittenberg eingereicht und dort erfolgreich angenommen. Doktormutter war Frau Prof. em. Dr. Ursula Rabe-Kleberg.

Aufbau

Der Aufbau der Studie ist in 3 Teile gegliedert.

In **Teil 1** (Kapitel 1) werden einleitend die Fragestellung der Arbeit, der Forschungskontext im Rahmen der Elementarpädagogik sowie die Eckpunkte des pädagogischen Konzeptes vorgestellt, auf die sich der Wissenstransfer in der Kita bezieht.

Teil 2 (Kapitel 2) stellt die theoretischen Grundlagen zum Wissenstransfer inklusive der Paradigmen dieses Konzepts dar und formuliert Hypothesen für einen gelingenden Wissenstransfer.

In Teil 3 (Kapitel 3 bis 7) werden die gelingenden Bedingungen eines Wissenstransfers ausformuliert, methodologische Fragen erörtert, der Bezug zwischen personellen und organisatorischen Aspekten hergestellt, um daran anschließend die Ergebnisse der Befragung vorzustellen und daraus eine Typenbildung zu generieren.

Inhalte

Im **ersten Kapitel** wird in den Themenkontext der Arbeit eingeführt. Die Implementierung von neuem, professionell begründetem Wissen in die pädagogische Arbeit von Kitas hat zu berücksichtigen, dass der Wissenstransfer als individueller und organisatorischer Lernprozess zu verstehen ist, bei dem es auch um die „Reflexion und Modifikation der Transferinhalte" (13) geht. Folglich sind die Handlungsorientierungen der Beteiligten (in der vorliegende Studie: Erzieherinnen in den Praxiseinrichtungen, Fachberaterinnen und die Leitung auf Trägerebene) im Zusammenwirken mit strukturellen und inhaltlichen Rahmenbedingungen zu analysieren. Dabei wird geklärt, von welchem Wissensbegriff ausgegangen wird und welches Verständnis bzgl. des Konstrukts „Wissenstransfer" zugrunde gelegt wird.

Um die neuen professionellen Herausforderungen im Handlungsfeld besser zu verstehen, wird der Paradigmenwechsel in der Elementarpädagogik kurz beschrieben. Grundlage der neuen pädagogischen Konzepte bilden u.a. die Selbstbildungsprozesse von Kindern, die neuen Anforderungen, die an Leitungskräfte gestellt werden und die veränderte Rolle der Erzieherin. Ziel der Studie ist es, den Zusammenhang zwischen den Handlungsorientierungen der Personen (siehe oben), den zu transferierenden Inhalten (neue professionelle Anforderungen) und den strukturellen Rahmenbedingungen (Leitungs- bzw. Führungsverständnis, Zusammenarbeit im Team etc.) empirisch genauer zu untersuchen.

Im **zweiten Kapitel** steht die Klärung der theoretischen Grundlagen im Mittelpunkt. Dazu wird der Wissensbegriff analytisch unterschieden und in die Gegenüberstellung zwischen einem „kognitivistischen" und einem „konstruktivistischen" Wissensverständnis eingeführt. Im Weiteren geht die Studie von einem konstruktivistischen Wissensbegriff aus, nach dem Wissen „als mentale Strukturen aufgefasst werden [kann], die Teile der Realwelt auf der Basis von Beobachtung oder Interpretation von Daten repräsentieren." (38) Nach der Unterscheidung von Wissensdichotomien (implizit/explizit; individuell/kollektiv) werden theoretische Grundlagen des Konstrukts „Wissenstransfer" entwickelt.

Anke Eichrodt grenzt sich dabei von einem instrumentell-technischen Verständnis von Wissenstransfer ab und favorisiert stattdessen ein kognitivistisches Wissensverständnis. Dieses beinhaltet auch eine organisationstheoretische Sicht auf den Transferprozess. Die Organisationsprobleme, die dabei zu beachten sind, werden als „Koordinationsproblem" (59) (Informationslogistik und Ressourcenallokation), als „Orientierungsproblem" (60) (relevantes Wissen der Veränderung) und als „Motivationsproblem" (60) (Zusammenführung von individuellen und organisatorischen Zielen) definiert. Vor diesem Hintergrund werden das Verständnis von Wissenstransfer, das erkenntnisleitend für die Studie ist sowie Hypothesen zu Barrieren des Wissenstransfers vorgestellt.

Im **dritten Kapitel** erfolgt zunächst „eine Betrachtung des Wissenstransfers unter dem Schwerpunkt transferfördernder bzw. transferhemmender Merkmale an der Schnittstelle von Individuum und Organisation" (100). Dazu wird u.a. auf ein Forschungsparadigma von *E.M. Rogers* (Diffusion of Innovation, 1995 bzw. 2003) zurückgegriffen, das zwischen

- wahrgenommenen Eigenschaften der Innovation,
- Entscheidungsbedingungen,
- Kommunikationskanäle,
- Eigenschaften des sozialen Systems und
- Engagement des Change Agents

unterscheidet (vgl. 74ff.)

Als weitere Faktoren des Wissenstransfers werden außerdem der zeitliche Verlauf, die Art des Handelns im Transfer (Routine vs. Kreativität) und die Transfermotivation analysiert. In Bezug auf die Transfermotivation werden verschiedenen Akteure von je typischen Einstellungen beim Umgang mit Innovationen beschrieben („Die Innovativen", „Die Vorreiter", „Das frühe Hauptfeld", „Das späte Hauptfeld" und „Die Nachzügler"). Diese Ausführungen, verbunden mit einem Phasenverlauf der Innovationsübernahme, werden schließlich in ein Transfermodell integriert (97 ff.), dessen Eckpunkte a) die neuen pädagogischen Konzepte (Inhalte), b) die Unterstützung der Motivation (Person) und c) das professionelle Management sowie die Zusammenarbeit aller relevanter Beteiligten (Struktur) darstellen. Dieses Modell bildet die Grundlage für die darauf aufbauende empirische Untersuchung.

Ebenfalls im dritten Kapitel werden die Konzeption der empirischen Studie (problemzentriertes Interview), die Stichprobenauswahl, die verschiedenen Zielgruppen der Interviews und weitere methodologische Fragen dargelegt.

Mit dem **vierten Kapitel** beginnt die Darstellung der empirischen Ergebnisse. Dabei stehen zunächst die Ergebnisse aus den 3 Interviews mit den Vertretern der Leitungsebene (Träger) im Fokus. Als Ergebnis kann festgehalten werden: Die Trägervertreter sehen Kitas als Bildungsinstitutionen und begleiten den Professionalisierungsprozess der Erzieherinnen durch Fortbildungsmaßnahmen. Ergänzt wird das Trägerhandeln durch die Schaffung von externen Unterstützungsstrukturen sowie durch Angebote der internen Vernetzung.

Die Interviewten der mittleren Ebene (4 Fachberaterinnen) weisen einen hohen Grad an Identifikation mit den Transferinhalten und Veränderungsprozessen auf. Modulare Fortbildungen für die Erzieherinnen werden als eine wesentliche Unterstützungsstruktur gesehen. Die Fachberaterinnen selbst sehen sich in der Rolle eines Prozessbegleiters. Sie haben Verbindlichkeiten herzustellen und Verzögerungen im Prozess zu vermeiden. Aber: Sie sehen sich auch als Entschleuniger der Veränderungsprozesse.

Den Hauptteil der empirischen Ergebnisse bilden 17 Interviews mit den Erzieherinnen in den Praxiseinrichtungen und die Darstellung der Handlungsorientierungen im Transferprozess. Die fünf vorgestellten Interviews werden nach folgenden Kriterien systematisiert:

- Relevanz der Transferinhalte für die eigene pädagogische Arbeit
- Beeinflussende Entscheidungsbedingungen
- Veränderungsgeschwindigkeit
- Kommunikation
- Veränderungsprozesse im Team
- Netzwerke

Die Ergebnisse münden in eine Typenbildung auf der Ebene der Praxiseinrichtungen, die wie folgt charakterisiert wird:

- Die Gestalterin (beinhaltet u.a. Aspekte wie aktive; reflexive und eigenverantwortliche Handlungsorientierung; hohe Offenheit gegenüber Veränderungen; nutzt eigene Handlungsspielräume; sehr teamorientiert etc.)
- Die Neugierige (beinhaltet u.a. Aspekte wie reflexive und eigenverantwortliche Handlungsorientierung; sucht nach Möglichkeiten zur Testung der Transferinhalte unter Regelstrukturen; nutzt zwar eigene Handlungsspielräume aber empfindet sich nur teilweise als autonom; sehr teamorientiert aber vertritt Transferinhalte nur eingeschränkt nach außen etc.)
- Die Resistente (beinhaltet u.a. Aspekte wie verweigernde Handlungsorientierung; Neuerungen werden als wenig relevant für das berufliche Handeln begriffen, zeigt Überforderung und Angst; lässt reflexives Verhalten vermissen; bewertet Lösungsvorschläge des Teams negativ etc.)

Abschließend werden die Ergebnisse in Bezug zur Schnittstelle „Person und Inhalt", „Inhalt und Struktur" sowie „Person und Struktur" interpretiert und Schlussfolgerungen für den Transfer der Forschungsergebnisse vorgestellt.

Diskussion

In jüngster Zeit werden verstärkt Forschungsergebnisse veröffentlicht, die bei Entwicklungs- und Transferprozessen in Organisationen die subjektive Perspektive der Beteiligten und deren Wahrnehmungs- und Handlungsmuster in den Fokus nehmen. Die hier vorgestellte Studie gehört in diesen Kontext. Sie hat eine hohe Relevanz für die qualitative Forschung, weil sie die Bedeutung der Wahrnehmungs- und Deutungsprozesse für Veränderungsprozesse klar unterstreicht und zu weiteren vertiefenden Forschungsarbeiten anregt. Darüber hinaus gibt die Studie Anregungen für geplante Transferprozesse in der Praxis und fördert eine differenzierte Sichtweise auf Transferprozesse.

Der theoretische Rahmen ist angemessen und macht die Komplexität von Prozessen des Wissenstransfers deutlich. Die Darstellung der Theorie vermittelt eine grundsätzliche Perspektive auf das Thema und gibt deshalb auch Anregungen für eine Übertragung auf ähnlich angelegte Veränderungsprozesse in Organisationen. Das Modell der Verschränkung von Person, Inhalt und Struktur ist plausibel und in den Grundzügen auch gut entwickelt. Allerdings wären die Argumentationen zu den Verknüpfungen an manchen Stellen noch ausbaufähig gewesen.

Von besonderem Interesse sind die herausgearbeiteten Handlungsorientierungen und die daraus abgeleiteten Typologien. In der Verknüpfung mit unterschiedlichen Einflussfaktoren geben sie wichtige Erkenntnisse und Hinweise darauf, wie Handlungsorientierungen und organisatorischer Kontext miteinander verknüpft sind und welche förderlichen bzw. hemmenden Faktoren dabei zu berücksichtigen sind. Hilfreich dabei sind auch die Anregungen, die bezüglich der Übertragung auf ähnlich gelagerte Transferprozesse bei Trägern im Bereich der Elementarbildung gegeben werden. Dies gibt insbesondere praktisch orientierten Lesern eine Orientierungshilfe für eigene Veränderungsprozesse.

Bezüglich der inhaltlichen Zuordnung der Kapitel und der Gestaltung ergeben sich beim Lesen allerdings einige Fragen. So erschließt sich beispielsweise nicht, warum der Theorieteil zum gelingenden Wissenstransfer in das Kapitel „Empirische Analyse“ eingebaut wurde, in dem auch die methodischen und methodologischen Fragen bearbeitet werden. Darüber hinaus tragen Gliederung, gewählte Zwischenüberschriften und Seitenumbrüche nicht an allen Stellen zur Klarheit bei.

Fazit

Das Handlungsfeld der Elementarpädagogik steht unter einem enormen Veränderungs- und Innovationsdruck. Die Folge ist u.a. ein Paradigmenwechsel im Professionsverständnis und damit in den praktischen Handlungskonzepten. Wie aber entwickeln Mitarbeiter ein neues Professionsverständnis? Wie korrespondiert der formulierte Anspruch der Profession mit der Umsetzung in der Praxis? Welche Formen der Unterstützung und Begleitung kann dabei auf organisatorischer Ebene geleistet werden? Die vorliegende Studie liefert zu diesen Fragen wichtige

Erkenntnisse. Sie macht deutlich, wie der Zusammenhang zwischen den Handlungsorientierungen von Erzieherinnen und der Unterstützung durch die Organisation bei der Implementierung von Prozessen des Wissenstransfers erfolgreich stattfinden kann. Die Studie ist deshalb für theoretisch wie praktisch orientierte Leser und Leserinnen gleichermaßen geeignet. Sie liefert einen wichtigen Beitrag zur Umsetzung eines neuen Professionsverständnisses im Organisationskontext der Elementarpädagogik.

Chronologie der Rezensionen

Chronologie der Rezensionen in socialnet

2009	Rezension vom 16.04.2009 zu: Bernd Jaquemoth (Hrsg.): Ehrenamtliche Tätigkeit. Verbraucher-Zentrale Nordrhein-Westfalen. Düsseldorf 2008. Rezensionen in: http://www.socialnet.de/rezensionen/7095.php.
2009	Rezension vom 25.03.2009 zu: Herbert Ammann, Raimund Hasse, Monika Jakobs u.a. (Hrsg.): Freiwil ligkeit. Seismo-Verlag (Zürich) 2008. Rezensionen in: http://www.socialnet.de/rezensionen/6166.php.
2015	Rezension vom 26.10.2015 zu: Silvan Stricker, PatrickRenz, Donat Knecht u.a.: Soziale Organisationen wirkungsvoll führen. Nomos Verlagsgesellschaft (Baden-Baden) 2015. 200 Seiten. Rezension in: https://www.socialnet.de/rezensionen/19793.php
2016	Rezension vom 15.04.2016 zu: Marlies W. Fröse: Transformationen in "sozialen" Organisationen. Verborgene Komplexitäten. Ein Entwurf. Ergon Verlag (Würzburg) 2015. Rezension in: https://www.socialnet.de/rezensionen/20524.php.
2016	Rezension vom 26.04.2016 zu: Jennifer Klöckner: Freiwillige Arbeit in gemeinnützigen Vereinen. Eine vergleichende Studie von Wohlfahrts- und Migrantenorganisationen. Springer VS (Wiesbaden) 2015. ISBN 978-3-658-10421-4. Rezension in: https://www.socialnet.de/rezensionen/20289.php.
2016	Rezension vom 15.06.2016 zu: Cornelia Rappe, Christoph Robrecht (Hrsg.): Ich möchte Sie besuchen! Das kleine Buch für den ehrenamtlichen

Besuchsdienst in Krankenhäusern und Altenheimen. Bonifatius (Paderborn) 2015. ISBN 978-3-89710-618-5. Rezension in: https://www.socialnet.de/rezensionen/19959.php.

2016	Rezension vom 04.08.2016 zu: Michael Fischer: Ehrenamtliche in der Krankenhausseelsorge. Lambertus Verlag GmbH Marketing und Vertrieb (Freiburg) 2014. ISBN 978-3-7841-2585-5. Rezension in: https://www.socialnet.de/rezensionen/20948.php.
2016	Rezension vom 02.11.2016 zu: Sonja Kubisch, Mario Störkle: Erfahrungswissen in der Zivilgesellschaft. Eine rekonstruktive Studie zum nachberuflichen Engagement. Springer VS (Wiesbaden) 2016. ISBN 978-3-658-02101-6. Rezension in: https://www.socialnet.de/rezensionen/21480.php.
2016	Rezension vom 29.12.2016 zu: Stefan Busse, Roland Becker-Lenz, Gudrun Ehlert, Silke Müller-Hermann (Hrsg.): Professionalität und Organisation. Springer VS (Wiesbaden) 2016. Rezension in: https://www.socialnet.de/rezensionen/21627.php.
2017	Rezension vom 27.01.2017 zu: Victor Feiler: Funktionslogiken organisierten freiwilligen Engagements. Eine Studie über das Kolpingwerk Deutschland. Springer VS (Wiesbaden) 2016. Rezension in: https://www.socialnet.de/rezensionen/21575.php.
2017	Rezension vom 01.03.2017 zu: Christina Goesmann: Wertschätzung ehrenamtlicher Arbeit. Quellen der Wertschätzung in der psychosozialen Demenzbetreuung. transcript (Bielefeld) 2016. ISBN 978-3-8376-3668-0.

Rezension in:
https://www.socialnet.de/rezensionen/22045.php.

2017 Rezension vom 21.03.2017 zu: Cornelia Coenen-Marx, Beate Hofmann (Hrsg.): Symphonie – Drama – Power-play. Zum Zusammenspiel von Haupt- und Ehrenamt in der Kirche. Verlag W. Kohlhammer (Stuttgart) 2017. ISBN 978-3-17-032216-5.
Rezension in:
https://www.socialnet.de/rezensionen/22388.php.

2017 Rezension vom 18.04.2017 zu: Tillmann Bendikowski: Helfen. Warum wir für andere da sind. C. Bertelsmann (München) 2016. ISBN 978-3-570-10313-5.
Rezension in:
https://www.socialnet.de/rezensionen/22302.php.

2017 Rezension vom 17.07.2017 zu: Stefan Meyer, Marcus Hecke: Curriculum - Aufbaukurs für ehrenamtliche Hospizbegleiter in der Behindertenhilfe. der hospiz verlag Caro & Cie. oHG (Esslingen) 2017. ISBN 978-3-946527-06-0.
Rezension in:
https://www.socialnet.de/rezensionen/22593.php.

2017 Rezension vom 15.08.2017 zu: Gina Mösken: Der (Eigen) Sinn frei-gemeinnütziger Tätigkeit. Eine Fallstudie zur Rekonstruktion individueller Sinnstrukturen freigemeinnützig Tätiger aus verschiedenen Engagementfeldern. Pabst Science Publishers (Lengerich) 2017. ISBN 978-3-95853-274-8.
Rezension in:
https://www.socialnet.de/rezensionen/23053.php.

2017 Rezension vom 02.10.2017 zu: Regine Bendl, Edeltraud Hanappi-Egger, Roswitha Hofmann: Diversität und Diversitätsmanagement. Facultas Verlag (Wien) 2012. ISBN 978-3-8252-3519-2.

Rezension in:
https://www.socialnet.de/rezensionen/23135.php.

2018 Rezension vom 12.01.2018 zu: Caroline Richter: Vertrauen innerhalb von Organisationen. Ein soziologisches Modell. transcript (Bielefeld) 2017.
Rezension in:
https://www.socialnet.de/rezensionen/23640.php.

2018 Rezension vom 05.02.2018 zu: Hanna Weinbach, Thomas Coelen, Bernd Dollinger, Chantal Munsch, Albrecht Rohrmann (Hrsg.): Folgen sozialer Hilfen. Theoretische und empirische Zugänge. Beltz Juventa (Weinheim und Basel) 2017. ISBN 978-3-7799-3656-5.
Rezension in:
https://www.socialnet.de/rezensionen/23667.php.

2018 Rezension vom 16.05.2018 zu: Erich Rösch, Meike Schwermann Edgar Büttner, Dirk Münch, Michael Schneider, Margit Gratz: Führen und Leiten in Hospiz- und Palliativarbeit. Herausforderung Ehren- und Hauptamt. Verlag W. Kohlhammer (Stuttgart) 2018. ISBN 978-3-17-032982-9.
Rezension in:
https://www.socialnet.de/rezensionen/24245.php.

2018 Rezension vom 20.09.2018 zu: Anke Eichrodt: Wissenstransfer an der Schnittstelle von Individuum und Organisation. Qualitative Untersuchung von Handlungsorientierungen unter Beachtung der organisationalen Rahmenbedingungen: ein Beitrag aus dem elementaren Bildungsbereich. Verlag Dr. Kovač GmbH (Hamburg) 2017.
Rezension in:
https://www.socialnet.de/rezensionen/24390.php.